Martin Luther

Sidste forelæsning
over Salmerne
1534

Martin Luther

Salme 90
Moses' Bøn

Oversat og tilrettelagt

Finn B. Andersen

Oversat og tilrettelagt: Finn B. Andersen

Forlag: BoD - Books on Demand, Hellerup, Danmark
Tryk: BoD - Books on Demand, Norderstedt, Tyskland

ISBN 978-87-430-4432-1

Indholdsfortegnelse

Indledning 1

Luthers forord 2

Salmens indhold **3**

Salmens titel 6

v1 Herre, du har været vor bolig i slægt efter slægt. 11

v1 i slægt efter slægt. 13

v1 Herre, du har været vor bolig. 16

v2 Før bjergene fødtes, før jorden og verden blev til, fra evighed til evighed er du Gud. 20

v3 Du lader mennesket vende tilbage til støvet, du siger: »Vend tilbage, I mennesker!« 24

v4 Tusind år er i dine øjne som dagen i går, der er forbi, som en nattevagt. 30

v5-6 Du skyller dem bort, de sover ind, de er som græsset, der gror om morgenen; v6 om morgenen blomstrer det og gror, om aftenen er det vissent og tørt 32

v7 Vi går til i din vrede, vi forfærdes ved din harme. 37

7b vi forfærdes ved din harme. 40

v8 Du har stillet vore synder for dine øjne, vore skjulte overtrædelser i dit ansigts lys. 49

v9 Alle vore dage svinder hen i din vrede, vi henlever vore år under suk. 51

v10 Vore leveår kan være halvfjerds, eller firs, hvis kræfterne slår til, men al deres stolthed er elendighed og ulykke; hastigt går det, så flyver vi bort. 53

v10b hastigt går det, så flyver vi bort. 57

v11 Hvem kender styrken i din vrede og i din harme, så han kan frygte dig? 57

v11 så han kan frygte dig? 59

Salmens anden del..60

v12 Lær os at holde tal på vore dage, så vi får visdom i hjertet. 60

v12b så vi får visdom i hjertet. 63

v13 Vend tilbage, Herre! Hvor længe bliver du borte? Vis medlidenhed med dine tjenere! 65

v14 Mæt os om morgenen med din godhed, så vi kan juble og glæde os hele vort liv. 67

v15 Glæd os lige så længe, som du har ydmyget os, de år, vi oplevede ulykke. 68

v16 Lad dine tjenere få dit værk at se, lad deres børn se din pragt! 70

v17 Herren, vor Guds herlighed komme over os! Styrk vore hænders værk for os, ja, styrk vore hænders værk! 73

Den Store Lutherserie..**79**

Indledning

Martin Luthers forelæsning over Salme 90 var hans sidste offentlige forelæsning på universitetet over Salmerne inden han tog fat på den store forelæsning over Første Mosebog fra 1535-45. Da Salme 90 netop er skrevet af Moses er forelæsningen både afslutningen på Luthers lange beskæftigelse med Salmerne og samtidig indledningen til forelæsningen over Moses.

Salme 90 er den eneste Salme af Moses og det er en Salme, hvor han netop viser sig allermest "Moses-agtig", som Luther udtrykket det. Moses skildrer syndefaldets store konsekvenser og omfang, der er så stort, at vi ikke engang kan forstå det. Mennesket fatter ikke, at al den elendighed, vi ser og oplever i denne verden, er et resultat af Guds vrede. Det faktum, at vi dør, er resultatet af Guds ubeskrivelige vrede over synden. Det er den bevirkende og sidste årsag til døden og alle andre elendigheder i dette liv. Og til den evige død.

Men Moses har *et positivt formål* med denne skildring, nemlig ønsket om at drive en hellig frygt ind i hjerterne på hårde og selvtilfredse livsnydere, så de, når de først er blevet forskrækket, må lærer at forstå deres elendighed og blive opmuntret til at ønske et middel, de kan anvende i denne nødsituation. På denne måde kombinerer Moses evangeliets budskab med loven. Han beder om et middel mod fortvivlelsen, så vi ikke skal bukke under for fortvivlelse.

I sin gennemgang har Luther desuden nogen af sine stærkeste understregninger af Bibelen som Guds ord: "Vi må derfor tro, at Helligånden selv har komponeret denne Salme og meddelt den til os" hedder det. Ja, det er "som om Gud selv talte".

Den latinske tekst findes i WA 40 III, 484-594. Enarratio psalmi XC. per D. Doctorem Martinum Lutherum, in Schola Vitebergensi, anno. 1534. Publice absoluta.

Finn B. Andersen 2021

Luthers forord

Gud har kaldet os til at være lærere i kirkerne. Men jeg har ofte sagt med henvisning til vores kald, at når vi er døde, vil der være mange, som der er mange, selv i vores levetid, som foragter teologi og al anden læring. Vi må derfor betragte det som en vigtig sag at sørge for, at der vil være dem, der forherliger Gud og er *optaget af, at hans ord udbredes vidt og bredt.* Men da vi skal fortsætte med vores kald, indtil vi er færdige med vores kurs og opnået det guddommeligt bestemte mål for vores frelse, besluttede jeg, efter behørig overvejelse, at fortolke, ud over de mange Salmer, som jeg allerede har fortolket, også denne Salme af Moses. *Derefter vil jeg afsætte de resterende år i mit liv, som Herren stadig kan give mig, til en udlægning af Moses.* Han er kilden, hvorfra de hellige profeter og apostlene, *inspireret af Helligånden,* udtrak guddommelig visdom. Når dette er tilfældet, kan vi ikke leve op til vores kaldelse bedre og i større harmoni med Guds vilje end ved at føre vores tilhørere til *denne kilde* og vise dem på vores egen måde frøene til guddommelig visdom, *som Helligånden gennem Moses* har sået på en sådan måde, at hverken fornuften eller evnerne i den menneskelige natur kan se eller forstå dem, hvis den ikke besidder Helligånden. Men inden vi fortsætter med at undersøge titlen eller selve Salmen, må vi tale i detaljer om dens sande indhold.

Salmens indhold

Hele menneskeheden faldt så langt væk fra Gud og er så grundigt blindet af arvesynden, at mennesket hverken kender sig selv eller Gud. Faktisk kender vi ikke engang vores egen *sørgelige tilstand,* skønt vi føler den og lider under den. Vi forstår hverken dens *oprindelse* eller ser dens *endelige resultat.* Derfor er elendigheden, som vores første forældre bragte sig selv i som et resultat af deres synd og overførte til deres efterkommere, ubeskrivelig stor. Jeg beder jer om at overveje, hvor tåbeligt de klogeste mennesker har omtalt *døden, den alvorligste og mest forfærdelige straf for synden,* der som en oversvømmelse har indhyllet hele menneskeheden og *ledsages af de mest frygtelige lidelser.* Nogle vise mænd foreslår, at man skal ignorere døden, ligesom poeten, der siger: "Hverken frygte eller længes efter den sidste dag." Andre, der mener, at dette er for vanskeligt, prøver at overtale folk til, at de skal mindske dødens onde ved at hengive sig til deres hjertes glæder i dette liv. De ledes af den velkendte, men ugudelige sætning, der findes på Sardanapolus' mindetavle: "Spis, drik, leg; der er ingen glæde efter døden." Og så sker det, at i deres ønske om at mildne syndens straf bliver verdens vise mennesker involveret i større synder. Man overvinder heller ikke døden ved at se bort fra den og ved at følge eksemplet fra gadens bøller og voldsmænd, der mener, at det er at vise et stort mod, når de, selvom spøgefuldt, ønske andre pest, ødelæggende sygdomme, og lignende ulykker. Nej, for at overvinde døden og synden skal man anvende andre midler og måder.

Nutidens teologer argumenterer næsten på samme måde. For efter hedningernes eksempel siger de i deres begravelsesprædikener, at man ikke skal sørge over døden, som om det var et onde. For døden, siger de, er en slags tilflugtssted, hvor vi er sikkert beskyttet mod de problemer og ulykker, som alle menneskers liv er underlagt. Men dette er den værste blindhed og en yderligere katastrofe – og også et resultat af arvesynden - når vi således minimerer synd og død sammen med alle andre menneskelige sorger. Det er i modstrid med menneskers universelle dom, ja, erfaringen selv, når vi trøster os med de mest overfladiske og meningsløse tanker. Dette er ikke måden at tale om døden på. *Det er snarere hedensk blindhed og resultatet af arvesynden, når man forsvarer sin egen ondskab, som om de ikke var ondskab, mens man føler og oplever det modsatte.*

Men i denne Salme taler Moses om døden på en meget anderledes måde. Til at begynde med fortsætter han med at forstørre betydningen af døden og alle andre elendigheder i dette liv. I denne sag er han, i overensstemmelse med sit kald, en lovgiver, *Moses når han er allermest Moses-agtig[1]*, der vil sige, en streng tjener for døden, Guds vrede, og synden. På en storslået måde udfører han derfor *lovens tjeneste.* Han skildrer døden i de mest frastødende farver og viser på denne måde, at *Guds vrede er årsagen til vores død.* Ja, han viser, at allerede før vi dør fysisk, er vi blevet overgivet til døden og overvældet af frygtelige elendigheder.

I Salmen bruger han et nyt billede, når han kalder døden "Guds vrede." I sin egen måde at ræsonnere på tilføjer han dermed den bevirkende og sidste årsag til døden og alle andre elendigheder dette liv. Det skyldes Guds vrede. Han siger: "Hvem kender kraften i din vrede?" (Salme 90, 11.) *Det faktum, at vi dør, er resultatet af Guds ubeskrivelige vrede over synden[2].*

Hvis du desuden ser nøje på hans følgende udsagn, vil du let forstå, at han ikke kun taler om den fysiske død. Hvis vi kun skulle se frem til

---

[1] Mosissimus Moses

[2] Nam quod morimur, accidit ex intolerabili ira Dei adversus peccatum.

denne død, kunne vi sige med digteren: "Vi skal hverken frygte eller længes efter den sidste dag." Men faktum er, at vi er underlagt *den evige død,* som det er umuligt for os at overvinde.

Så Moses taler om døden som en lovgiver, der henvender sig til hærdede og tåbelige lovovertrædere. Men han lærer også dem, der lever i frygt for deres synder og for døden, at bede, som han selv bad, at Gud måtte gøre dem opmærksomme på livets korthed (Sl 90, 12).

Derfor er denne Salmes formål Moses' ønske om at drive en hellig frygt ind i hjerterne på hårde og selvtilfredse livsnydere, der mener, at det er deres pligt i livet at foragte Guds vrede og døden og leve som dyr, der ikke har noget håb efter dette liv.

Moses viser disse mennesker, at døden er en konstant truende tyran, så disse livsnydere, når de først er blevet forskrækkede, må lærer at forstå deres elendighed og blive opmuntret til at ønske et middel, de kan anvende i denne nødsituation. *Derfor skræmmer han først, ikke for at ødelægge eller for at lade forskrækkede syndere forgå i fortvivlelse, men for at bringe trøst til sådanne syndere,* bange og ikke længere selvtilfredse og give hjælp til, at deres sårede ånd kan blive genoplivet.

På denne måde kombinerer han evangeliets budskab med loven[3], skønt han anvender evangeliet på en noget mere skjult måde. Forkyndelsen af evangeliet skulle forbeholdes vor Herre Jesus Kristus og tiden for Det Nye Testamente. Moses skulle jo være Moses. Derfor berører han i mindre grad evangeliet, så dets ære måtte bevares i dets fylde for den bedre lærer, om hvem Faderen siger: "Ham skal I høre" (Matt 17, 5).

Derfor skal man især bemærke disse to punkter i denne Salme. For det første understreger Moses her dødens tyranni og Guds vrede, da han viser, at menneskets natur er underlagt evig død. Han gør dette

---

[3] Ita coniungit Euangelii doctrinam cum Lege

med det formål at skræmme forhærdede og vantro foragtere af Gud. For det andet beder Moses om et middel mod fortvivlelse, så vi ikke skal bukke under for fortvivlelse. Derfor er Salme 90 en meget dyrebar Salme. I den hører vi Moses udføre sit særlige embede med at skræmme syndere og skønt på en uklar måde at rette opmærksomheden mod den guddommelige forløsning. *Han gør dette for at ydmyge de stolte og for at trøste dem, der er blevet ydmyget.*

Salmens titel

Titlen er enkel nok: "Bøn af gudsmanden Moses". Udover at gøre andre observationer om denne Salme, bemærker Hieronymus, at det er en fast sædvane i Salmerne, at hver gruppe på ti efterfølgende Salmer kun har én forfatter, hvis navn er angivet i den første af gruppen. Dette sagde han sandsynligvis på baggrund af en rabbinsk tradition.

Jeg tror dog, at Moses kun skrev denne ene Salme og ikke de følgende, som ikke har titler. For Hebræerbrevet siger udtrykkeligt under henvisning til verset i Salme 95, 7: "I dag, når du hører hans røst," at Gud talte om dette gennem *David* (Hebr 4, 7). Det er derfor vores opfattelse, at Hieronymus var påvirket af en jødisk fiktion. Moses er forfatteren af denne Salme. Ikke kun titlen, men også selve sproget, emnet og Salmens teologi støtter dette syn.

Moses kaldes imidlertid "en gudsmand", fordi det var hans særlige guddommelige mission at undervise i loven blandt folket. Den Moses, hvis opgave det på andre tidspunkter er at undervise i loven forbliver nøjagtigt den samme Moses, også når han beder. Han er tjener for død, synd og fordømmelse. Hans mål er at skræmme de stolte og at sætte den frygtelige situation direkte for øjnene på de selvtilfredse syndere, at afdække og ikke skjule noget. Alt dette gør han i denne bøn, som vi skal se.

Paulus kalder Timoteus "Guds menneske" (1 Tim 6, 11). Men han bruger udtrykket i en lidt anden forstand. Ordet (isch - אִישׁ) betyder ikke blot "menneske" taget i dens videste forstand. Det bruges også undertiden til at betegne en embedsmand, det vil sige en person, der har et offentligt embede. Vi læser for eksempel i Kongebogen (2 Kong 4, 40): "O Guds mand, der er død i gryden." Hvad tjenerne mener at sige, når de kalder Elisa for en "Guds mand", er: "Du blev offentligt placeret i et embede, som Gud indstiftede; du er et instrument fra Gud. Dine ord og handlinger må betragtes som om de var udgået fra Gud selv."

I denne forstand må man forstå udtrykket "Guds mand" her, fordi Moses har et embede, som Gud har betroet ham. *Derfor skal mennesker tro ham, når han underviser, ikke mindre end Gud selv.*

Titlen inkluderer derfor disse tre faktorer: personen, autoriteten og kaldelsen. Autoriteten er parallel med Paulus', der kalder sig selv en "tjener for Herren Jesus Kristus" (Rom 1, 1). Paulus gør ikke dette, fordi han er stolt, men fordi han mener, at denne titel er en nødvendig legitimation for, hvad han siger og gør.

Og sådan er det ikke i en ånd af stolthed, at Moses kalder sig en "Guds mand", men fordi hans tjeneste blev betroet ham af Gud. Derfor kræver han, at folk tror på ham ikke mindre end på Guds stemme.

Men jeg hører nogen sige: "Moses begik en synd ved Meribas vand (4 Mos 20, 13); derfor er det ikke sikkert at tro på ham overhovedet." Mit svar er: Det er sandt, at han begik en synd, men han blev også straffet med en usædvanlig streng guddommelig dom (5 Mos 32, 50 ff.), og på samme tid blev det tydeliggjort, hvad synd er, og hvad det ikke er. I sager, som han blev straffet for, har Gud forbudt os at tro på ham. Men i sager, som han ikke blev straffet for, kræver Moses' mission og autoritet fortsat respekt. Her forbliver hans kald i fuld kraft. Her fortsætter han med at være *et guddommeligt instrument.* Den, der derfor foragter ham, foragter Gud.

Således forblev David "en Guds mand" eller konge på trods af sin synd eller fald. For selv om han syndede, fortsatte hans autoritet alligevel med fuld styrke (2 Sam 11, 2 ff.). Sådan kan vi også dagligt falde i synd; men vores tjeneste eller Ordet er på ingen måde forringet på grund af vores synd, selvom jeg ikke véd, om vores kaldelse kan sammenlignes med Moses, David og andre.

Derfor skal Moses' gerninger og udsagn bedømmes som at have guddommelig autoritet og skal modtages som ord fra Helligånden[4], der kender vores tilstand bedre end vi selv gør. Da hedninger ikke kender de ting, de lever og dør i, og som de oplever og føler, hvordan vil de så forstå de ting, der vedrører Gud?

Vi må derfor tro, at Helligånden selv har komponeret denne Salme og meddelt den til os[5], for at instruere os om vores sørgelige tilstand. Moses kalder ikke vores elendighed for svaghed eller sygdom, som visse ordgydere gør, og han taler ikke om blår [letantændeligt materiale], som sofisterne gør. Han lærer os som en Guds mand, som vi skal tro, *som om Gud selv talte[6].*

Men Salmens titel, "En bøn", minder os også om dette princip, som skal overholdes i teologien, og som giver megen trøst: at uanset hvor der er tale om budene eller gerningerne i den første tavle, der er de dødes opstandelse medindfattet på skjult måde i overensstemmelse med Kristi smukke og dybe ord: "Gud er ikke de dødes Gud, men de levendes Gud" (Matt 22, 32).

Selvom Moses dræber gennem sin tjeneste ved at udfolde synden og dens straf, indikerer han alligevel, ved at kalde denne Salme en bøn, på sløret, men umiskendeligt sprog midlet mod døden; og dermed overgår han alle hedenske forfatteres skrifter på en dobbelt måde.

---

[4] sunt divina iudicanda et habenda pro dictis Spiritus sancti

[5] Sentiamus igitur hunc Psalmum ab ipso Spiritu sancto factum et nobis propositum esse

[6] tanquam ipsi Deo concionanti credendum est.

Aristoteles troede - og munkene tror det samme - at *meditation over døden*[7] er det middel, der gør døden mindre afskrækkende. Men hvis vi ser ret på denne sag, er det åbenlyst, at livsnydernes liv er at foretrække frem for at deltage i meditation over døden, *hvis den anden del, som følger på frygten for guddommelig vrede er fraværende, nemlig forsikring om livet og Guds nåde.* Hvis denne forsikring er fraværende, er det bedre at spise, drikke og sørge for ens krop end forgæves at plage sig selv med at bekymre sig om det onde, som man ikke kan undslippe. Vi må også huske, at hvis sådanne tanker ikke indeholder håb om et middel, tilskynder de sindet til vrede mod Gud, til blasfemi og til utålmodighed. Hvad Cato sagde er sandt: "Den, der frygter døden, mister også det, der udgør livet."

Denne hedenske visdom hjælper derfor ikke den menneskelige slægt, især fordi den fører til overvældende stor elendighed. Derfor må vi stige til større højder og vende vores øjne til den guddommelige visdom, som Moses her lærer. Han dvæler meget ved døden og skræmmer mennesket. Alligevel gør han det på en sådan måde, at han alligevel antyder, at der stadig er håb, så de, der er blevet bange og ydmyge, ikke skal blive drevet til fortvivlelse.

Hedenske forfattere kan ikke undervise på denne måde, men kun Helligånden. Heller ikke vokser denne viden i vores have. Den skal derimod hentes fra "Guds mand." Dødens magt er så stor, at den fortærer os, før vi er opmærksomme på den. Derfor må vi flygte til et andet lys. Himmelen må afsløre, hvordan sjæle kan oprejses, når de er i denne fare.

Hedenske forfattere anvender deres retoriske kræfter, når de taler om døden. Ciceros *Tusculan Disputats* er et godt eksempel. Men han er ude af stand til at angive en sand og sikker løsning. Selv i løbet af

---

[7] meditationem mortis

hans argumenter bliver det klart, at han ikke kan overtale sig selv til at tro, hvad han prøver at få andre til at tro.

Ved at benævne denne Salme "en bøn" antyder Moses indirekte, at der stadig er håb for livet. For hvad betyder det at bede? Betyder det ikke at søge hjælp? Igen, hvad betyder det at bede til Gud, når man er omfattet af synd og død? Er det ikke at tro, at der hos Gud er muligheden for tilgivelse og sikker hjælp mod dødbringende sygdom? Og betyder det ikke håb om livet at bede mod døden? Den, som fortvivler for livet, beder klart nok slet ikke, for han antager, at bøn er en forgæves sag.

Og så er princippet korrekt: uanset hvor en befaling fra den første tavle eller gerninger i den første tavle er involveret (bøn er en gerning fra den første tavle), er troen nødvendigvis inkluderet og håbet om de dødes opstandelse[8].

Kristus lærer os at udlede denne teologi fra de mest enkle ord i Skriften, når han siger: "Jeg er Abrahams Gud og Isaks Gud og Jakobs Gud. Men Gud er ikke de dødes Gud, men de levendes" (Matt 22, 32). *Derfor vil alle mennesker, der tilbeder denne Gud, som tror på ham og beder til ham, leve selv i døden.* Hvorfor? Fordi de åbenlyst ikke tilbeder, ærer og tror på de dødes Gud, men de levendes Gud. Derfor inkluderer tilbedelsen af Gud, tro og bøn virkelig artiklen om opstandelsen og det evige liv.

Ingen ville have mistanke om, at dette læres i det første bud, hvis vores doktor, der kom fra himlen, ikke havde bragt det til vores opmærksomhed. Den første tavle blev hverken givet til dyr eller mennesker, der er døde for evigt, men til mennesker, der har Gud, og som skal leve med Gud gennem evigheden. "Han er ikke de dødes Gud, men de levendes." Bøn er en gerning i det andet bud. Men hvis det foregår uden Gud, kan det ikke kaldes bøn. Da Moses imidlertid gav

---

[8] necessario includitur fides

denne Salme overskriften "bøn", følger det, at han beder til Gud, og at han beder i håb og forsikring om tilgivelse af synder og evigt liv.

Således nævner Moses i selve titlen midlet mod den forfærdelige lære om døden og kombinerer begge, så de, der er blevet bange på grund af denne lære, ikke skal fortvivle, og at andre ikke skal blive forhærdede og selvtilfredse. Disse to faktorer skal kombineres, så selvtilfredse syndere bliver forskrækkede og skælvende syndere bliver trøstet og opmuntret, når de får at vide, at de skal følge Moses' eksempel ved at tro og bede.

Lovens stemme skræmmer, fordi den dræber de sikre: "Midt i det jordiske liv omgiver dødens snarer os." Men *evangeliets stemme*[9] trøster atter den forskrækkede og synger: "Midt i den sikre død er livet i Kristus vores."[10]

Vi har nu sagt nok om Salmens indhold og titel for at gøre det muligt for tilhørerne at sætte pris på det behandlede spørgsmål, hvem og hvilken type person forfatteren er, og hvad hans komposition er: en bøn. Lad os nu studere selve Salmen.

v1 Herre, du har været vor bolig i slægt efter slægt.
Denne introduktion ånder også af liv og er relevant for det sikre håb om opstandelsen og det evige liv. Han kalder den evige Gud, vor bolig, eller, hvis jeg må tale mere præcist, vores hvilested, som vi kan flygte til, og hvor vi kan føle os sikre. Hvis Gud er vores bolig - og Gud er livet - og vi er beboere i den bolig, følger det nødvendigvis, at vi er i livet og vil leve evigt. At alt dette er en perfekt og fuldstændig gyldig konklusion, véd vi på grund af det første bud. Hvem vil kalde Gud et

---

[9] Legis vox terret - Euangelii vox iterum erigit et canit
[10] Jf. Luther salme: Midt i livet er vi stedt

dødssted for dem? Hvem ville tro, at han var en grav eller et kors? Han er livet. *Derfor er også de, der bor her, levende.*

I sin introduktion beroliger Moses først skælvende hjerter, før han begynder at dundre frygteligt og med flammende lynstråler, så de kan være sikre på, at Gud er den levende bolig for dem, der lever, beder til ham og stoler på ham.

Det er helt sikkert en overraskende måde at tale på, som ikke findes andetsteds i De Hellige Skrifter, at Gud kaldes en "bolig." Ja, i andre passager siger Skriften det modsatte. Her kaldes mennesker "Guds tempel", hvori Gud bor. "Guds tempel," siger Paulus, "er inden i jer" (1 Kor 6, 19). Men i denne Salme vender Moses tanken om og siger, at vi er beboere og herrer i dette hus. Det hebraiske ord (maon - מָעוֹן) betyder virkelig "bolig" og bruges i denne betydning i verset: "Hans bolig er i Zion" (Sl 76, 2). Da et hus jo tjener formålet med at beskytte dets beboere, betegner det her "tilflugt" eller "tilflugtssted".

Selvfølgelig udtrykker Moses sig med vilje på denne måde. Han vil vise, at alt vort håb er grundet sikkert i Gud, og at de, der beder til denne Gud, har denne forsikring: De er ikke forgæves plaget i verden, og de vil ikke dø, da Gud er deres tilflugtssted og den guddommelige majestæt, så at sige, er deres bopæl, hvor de kan hvile sikkert i evighed.

Paulus anvender næsten det samme sprog, når han skriver: "Vort liv er skjult med Kristus i Gud" (Kol 3, 3). Det er en meget klarere og mere forståelig erklæring, hvis jeg siger, at de troende bor i Gud, end hvis jeg siger, at Gud bor i dem. Gud boede endda kropsløst i Zion, men stedet har gennemgået en ændring. Men hvad der bor i Gud, vil åbenlyst ikke ændres eller flyttes andetsteds. Gud er den slags bolig, der ikke kan ødelægges. Derfor vil Moses gøre opmærksom på, at vores liv er sikret, når han siger, at Gud er vores bopæl, og ikke jorden, ikke himmel, ikke paradis, men blot Gud selv. Og det er han virkelig.

v1 i slægt efter slægt.
Dette betyder, at fra verdens begyndelse til verdens ende har Gud aldrig forladt sine egne. Adam, Eva, patriarkerne, profeterne, fromme konger, som sover i dette hvilested. *Hvis de ikke, som jeg tror, allerede er oprejst sammen med Kristus[11], ligger deres kroppe i ro i graven,* men deres liv er skjult med Kristus i Gud og vil blive åbenbaret i herlighed på den sidste dag.

På denne måde gør Moses opmærksom på de dødes opstandelse og håbet om liv over døden. Det er sandt, at han ikke bruger særlig klare ord. Ikke desto mindre er de meget meningsfulde. Det var nødvendigvis forbeholdt Kristus, og med rette, offentligt at forkynde i Det Nye Testamentes tid syndernes forladelse og de dødes opstandelse, sandheder, der blev præsenteret i Det Gamle Testamentes æra på skjult måde, så at sige.

Moses antyder dem dog, og peger på dem med sin finger. I de efterfølgende vers af Salmen, hvor han understreger Guds vrede, bruger han ordene mere frit og udtrykker sig også mere tydeligt. *Hans hovedmål er nemlig, at mennesker kan lære at frygte Gud og være bange for Guds vrede og døden, for at ydmyge sig selv for ham og blive beredt på modtagelse af nåden[12].* Mennesket kan ikke blive rørt til at frygte Gud, medmindre man først er blevet vist Guds vrede. Hvordan kan Guds vrede vises, hvis synden ikke vises, som "bagefter", som Paulus siger, "virker vrede"?

Derfor blev folket, der var samlet på Sinajbjerget, ramt af skrækken ved tordenen og det frygtelige uvejr (2 Mos 19, 16), for det mindede dem om deres synder og gjorde den guddommelige majestæt uudholdeligt for dem. Denne ydmygelse eller denne frygt var behagelig for Gud. Det er måden at håndtere forstokkede og selvtilfredse syndere,

---

[11] Si enim cum Christo nondum (ut puto) resurrexerunt
[12] praeparentur ad gratiam

der ikke giver agt på Guds ord og alle de straffe, der rammer de gudløse såvel som belønningerne til de fromme.

Af denne grund påbyder også Paulus Timotheus *at "dele" Ordet ret*[13]. Guds løfter og trusler må ikke blandes sammen. Dette havde jøderne for vane at gøre for mange århundreder siden. Papisterne gør det i vores tid. Selvom profeterne truede dem med enhver form for plage, ignorerede jøderne alligevel disse trusler og stolede på løfterne. På grund af dette kvittede de frygten for Gud og blev hovmodige og uregerlige. På den anden side, i pavedømmet, samlede de tyranniske doktorer og sjæleplagere af urolige samvittigheder alle tænkelige udbrud af vrede og overgreb, mens disse sjæle burde have været opmuntret og behandlet på den mest kærlige måde. *Og således synder man i begge retninger, når man ikke deler Guds ord ret.*

De mange trusler, som Moses senere anvender, gælder derfor strengt for dem, som Paulus kalder "ufølsomme"[14]. Det er de mennesker, der ligesom rå og vilde krigsfolk bevidst har fjernet tanker om døden og Guds vrede fra deres sind. Disse mennesker kan ikke ledes tilbage til livet, hvis man ikke gør Guds vrede klart for dem i fuld udstrækning, for på denne måde at afskære "den rod, der bærer giftig og bitter frugt" (5 Mos 29, 17).

På den anden side gælder de allermest dejlige ting, som Moses bemærker i begyndelsen af Salmen, virkelig for dem, der frygter døden, og som et resultat af denne frygt lærer at stole på Guds godhed. Sådanne mennesker glæder sig over, at de er levende og *følsomme nok til at erkende deres synder*[15], og at de ikke hører til dem, der på grund af deres selvtilfredshed ignorerer dem eller endda griner af dem. Disse

---

[13] 2 Tim 2, 15 – "orthotomounta - ὀρθοτομοῦντα" betyder ordret at dele lige
[14] apēlgēkotes - ἀπηλγηκότες Ef 4, 19
[15] sensus esse, quod agnoscunt peccata sua

mennesker kan undervises. *De viser, at de er villige til at acceptere guddommelig trøst.*[16]

Hvis du forstår Salmen på denne måde, vil den vise sig beroligende og yderst hjælpsom i alle dens dele. Det skete ofte for mig, da jeg var en munk, at når jeg læste denne Salme, måtte jeg lægge den til side. For jeg vidste ikke på det tidspunkt, at disse skræmmende sandheder *ikke var bestemt af Moses for en forskrækket sjæl.* Jeg vidste ikke, at Moses især skal prædikes for de forhærdede og selvtilfredse masser, som hverken er bekymret over eller forstår Guds vrede, døden, og alle deres egne elendigheder.

Men lad os her se på titlen igen. Moses gav denne Salme overskriften "en bøn." Det er imidlertid tydeligt, at *den første forudsætning for en ægte og sand bøn er, at man griber fat i håbet om frelse og kan være sikker på, at Gud er nådig*[17] og at man derfor har den overbevisning, at Gud er en sikker tilflugt fra døden. Hvis dette ikke var tilfældet, hvorfor skulle Moses så kalde Gud vores tilflugtssted?

Dette er derfor ord, der er talt af en, der har den højeste tro og et urokkeligt håb om at få liv; for selvom han er overvældet af en følelse af guddommelig vrede og synd, tør han ikke desto mindre sige: "O Herre, selvom du med rette er vred på os på grund af vores synder, har du ikke desto mindre aldrig helt forladt den menneskelige slægt. Du har altid bevaret en kirke for dig, så du altid var en bolig og havn for dem, der sætter deres håb om frelse til dig." *Dette er den første forudsætning for bøn: at gribe fat i Gud og tro at han er barmhjertig og nådig og gerne vil hjælpe.*[18]

Hvem vil nu benægte, at Helligånden er den bedste beder i dem, der er hans egne? Man må indrømme, at i en meget presset situation, hvor han indrømmer sig selv og hele verden at være skyldig i Guds

---

[16] praebent se volentes ad accipiendam consolationem.
[17] apprehendit spem salutis et statuit Deum esse propicium
[18] apprehendere Deum, quod sit misericors et faveat et iuvare velit

øjne, at Moses yderst dygtigt forhandler om Guds gode vilje og *vinder den guddommelige dommer for sin sag gennem troen på Guds barmhjertighed,*[19] som han har vist kirken i alle tider.

Uden denne tro kan bøn ikke være bøn. Hvordan vil en person bede, der ikke tror på, at Gud er venlig nok til at høre dem, der beder til ham, men som enten foragter Gud eller fortvivler? Af denne art er alle bønner i pavedømmet. Ikke kun er pavens folk ikke i stand til at bede i tro, da de ikke forstår troen, men bagefter ødelægger de også deres bønner ved at stole på de helliges fortjeneste og forbøn.

Lad os derfor ledes af denne doktor, der i Helligånden, det vil sige, i sand tro i hjertet, beder og siger:

v1 Herre, du har været vor bolig.
Ingen kan bede denne bøn af hjertet uden tro og uden Helligåndens gave. Det er en meget vigtig lære, der bringes til vores opmærksomhed i dette eksempel. Vi læres, at troen er nødvendig i sand bøn. Hvis troen er til stede, sejrer vi. På grund af troen på Kristus er vores bøn acceptabel og behagelig for Gud og opnår alt. Hvis du tror, at Gud er dit opholdssted, er han virkelig en bolig for dig. Hvis du ikke tror på det, er han det ikke.

Derfor beder de, der er uden tro, ikke kun forgæves, men deres bøn bliver også til synd, og de gør Gud mere vred. Det er blasfemi af dig at komme i bøn ind i Guds nærvær og ikke desto mindre antage, at du beder forgæves, og at Gud ikke vil høre dig.

Den anden forudsætning for ægte bøn er, at den retter sig mod Gud og ikke mod andre verdslige ting for hjælp. Dette er også et resultat af troen, som ikke kun forsoner os med Gud, men også beskytter os mod alle gudløse læresætninger og menneskelige hjælpemidler. For dette er

---

[19] Iudicem causae conciliat per fidem in misericordiam Dei

to dyder: At *have* Gud og at *holde fast ved* Gud. Den, der har tro, har en nådig Gud; derfor er både hans bøn og alle andre gerninger i hans kaldelse Gud behagelige. Men stor alvor og omhu, ja, den største kærlighed til Gud er nødvendig for, at vi virkelig holder fast ved Gud og ikke bliver fanget af Satan, som frister os på forskellige måder for at føre os væk fra den sande Gud til troen på menneskelige hjælpemidler. Derfor siger Moses udtrykkeligt her: "DU, HERRE, er vores tilflugt."

Men hvorfor tilføjer han sætningen: "fra slægt til slægt"? Sikkert for at vise, at den ene kirke varer fra begyndelsen af menneskets skabelse til verdens ende. Dette er, hvad han siger: "Fra den dag, hvor en generation af mennesker eller tid begyndte, er du vores bopæl," som om han fortalte os: *"Kirken har altid eksisteret.*[20] *Der har altid været et Guds folk fra tidspunktet for den første person Adam til den allersidste,* selvom kirken til tider har været overordentlig svag og så spredt, at den ikke var åbenlys noget sted."

Sådan var tilfældet i Elias' dage, da den gudløse konge Akab forbød den ægte tilbedelse af Gud og grusomt dræbte profeter i stort antal (1 Kong 19, 10), så Elias klagede over, at han alene var den sidste resterende tjener af den sande Gud. Kirken var derfor så skjult på det tidspunkt, at den intetsteds var undtagen i Guds øjne, der sagde: "Dog har jeg bevaret for mig selv syv tusinde i Israel, der ikke har bøjet knæ for Ba'al" (1 Kong 19, 18).

Og således eksisterede kirken også fortsat også *under pavedømmet.*[21] Men den var virkelig så skjult, at hvis man havde bedømt den efter dens ydre udseende, ville man have konkluderet, at den ikke eksisterede.

---

[20] Semper fuit Ecclesia
[21] in Papatu fuit et mansit Ecclesia

Derfor skal vi være yderst opmærksom på følgende. For det første *har der altid været, er og forbliver dem, der ærer Gud og lærer ret om Gud, selvom deres antal også er meget lille.*

For det andet er kirken ikke et *fuldkomment* hellig samfund eller helt fri for åbenlyse fejl og pletter, som papisterne forestiller sig. Når de i Trosbekendelsen hører kirken omtales som "hellig", tænker de på mennesker, der er helt uden synd og åbenlyse fejl. Når de bagefter kigger godt på deres egne folk, kan de ikke andet end tvivle på, at disse mennesker er kirken. Når de ser sig omkring og noterer sig de åbenlyse fejl, som Satan bevirker i vores kirker, nægter de at indrømme, at vi er kirken; og derfor er de ikke i stand til at løse denne anstødssten.

Donatisterne havde samme dom. De ekskommunikerede dem, der var faldet i synd og tillod dem ikke at vende tilbage til deres kirker. For de mente at være en kirke, som var helt pletfri. Derfor var det uundgåeligt, at deres kirker krympede til et ynkeligt lille antal. Manikæerne og andre delte den samme falske opfattelse, som om kirken allerede befandt sig i det evige liv og ikke i kødet.

Man må ikke tale om kirken på denne måde. Den sande kirke er den, der beder og ud af tro beder den inderligt: "Tilgiv os vores skyld, som vi også tilgiver vores skyldnere" (Matt 6, 12). *Kirken består af dem, der gør fremskridt*[22], som dag for dag "aflægger det gamle menneske og ifører sig det nye" (Kol 3, 9). Kirken modtager i dette liv kun de første frugter, ikke engang en tiendedel, langt mindre hele fylden. Vi har endnu ikke aflagt kødet helt og er nøgne. Men *vi er i færd med at aflægge kødet. Vi går fremad eller gør fremskridt.*[23] Uanset hvilken synd der forbliver i os, forarger det de åndelige donatister, manikæere og papister. Men det forarger ikke Gud, som på grund af vores tro på Kristus overser og tilgiver vores synder.

---

[22] Ecclesia est, quae de die in diem proficit
[23] sumus in exuendo et promovendo seu proficiendo.

Når du derfor er i færd med at afsige dom over kirken, skal du ikke lede efter en kirke, hvor der ikke er pletter og åbenlyse fejl, men en, *hvor det rene Guds ord er til stede, hvor der er den rette forvaltning af sakramenterne, og hvor der er mennesker, der elsker Ordet og bekender det for verden*[24]. Hvor du ser disse ting, kan du være sikker på, at kirken eksisterer, om antallet af dem, der har og observerer disse ting, er lille, eller om antallet er stort. Vi er sikre på, at der altid vil være nogle, der er medlemmer af kirken. Hvordan kunne Gud ellers have været vores bopæl fra evighed?

Anselm drager således denne overraskende, men alligevel gode og sande konklusion et sted i sine skrifter: Adam og Eva var kristne og retfærdige[25], *og det var en uundgåelig nødvendighed, at de umiddelbart efter faldet vendte tilbage ved troen til den sande vej, så der ikke skulle være en tid, hvor kirken ikke eksisterede.* Moses har ret, når han i sin historie om syndefaldet fortæller, at umiddelbart efter deres fald i synd blev Adam og Eva fyldt med anger og frygt (Mos 3, 8-10).

Da Gud imidlertid bagefter gav løftet om kvindens afkom (1 Mos 3, 15), blev Adam og Eva virkelig retfærdiggjort af troen på Kristus. Ganske vist flygtede de fra Gud på grund af deres frygt for Guds vrede og fremtidige straf, men Gud søgte dem af egen fri vilje og kaldte dem tilbage. Dette var den første kirke. Den blev født gennem Ordet og retfærdiggjort ved tro på Kristus.[26]

Anselm diskuterer denne sag på en lærd og nøgtern måde og helt i overensstemmelse med sandheden. For kirken kan ikke andet end være og fortsætte, som Moses viser her, når han siger, at Gud er menneskers bolig fra generation til generation.

---

24 Sed ubi est verbum purum, ubi est administratio Sacramentorum pura, ubi sunt homines amantes verbi et confitentes verbum coram mundo
25 Adam et Evam fuisse Christianos et iustos
26 per verbum regenerata et fide in Christum iustificata

v2 Før bjergene fødtes, før jorden og verden blev til, fra evighed til evighed er du Gud.

I dette vers begynder Moses, tro mod sit kald, at være *en ægte Moses.* På mesterlig måde udfolder han både vores sørgelige tilstand og Guds vrede. Han skelner imidlertid i denne detaljerede beskrivelse mellem den sande Gud og de guder, der tilbedes af hedningerne. Med hensyn til sidstnævnte kan det ikke siges, at de har eksisteret og vil fortsætte med at eksistere gennem evighed. Det er, som om han sagde: "Vi tilbeder ikke en ny eller populær Gud, en af træ eller guld. Vi tilbeder ham, der eksisterede før verden begyndte, som er evig og den sande Gud."

Moses fortæller os endvidere, hvilken slags Gud denne sande Gud er. Han siger, at han er uafhængig af alle skabninger og *absolut velsignet i sig selv,* da han eksisterer før jorden og verden blev skabt.

Moses opsummerer vor Guds majestæt med kun få ord. Men ingen kan udtømmende beskrive denne majestæt. Hvis vi skulle forsøge at analysere det, indeholder det alle attributter for den guddom, som man muligvis kunne tænke på. Fordi Gud er evig, er han også nødvendigvis udødelig, almægtig, velsignet og klog. Han er en Gud, der ikke er forpligtet over for nogen, ligesom Skriften siger: "Hvem har givet ham noget først?" (Rom 11, 35.) Han er helt tilstrækkelig i sig selv.

Det hebraiske ord yullādū (יְלָדוּ) bliver endnu mere markant, hvis vi husker på, at Moses ikke siger: "Før bjergene *blev bygget eller blev lavet."* Helt præcist *betyder dette hebraiske ord fremkomsten af et væsen ud af ingenting til noget*[27], ligesom, ved en mirakuløs oprindelse et andet legeme fødes fra et menneske. Ikke som en smed, der skaber noget ud af et materiale, og som i processen med at forberede og danne tingen fjerner en del af det eller tilføjer noget til det. Det er som et træ,

---

[27] Creaturae ex nihilo

der fødes fra jorden ud af intet. Og det ser ud til, at alt i skabelsen snarere er født end bygget og lavet. Moses siger, at bjergene er født – ligesom født af Gud, for at afspejle det, der siges i Salmen ud fra Første Mosebog: "Han talte, og det skete." *Alt blev til gennem Ordet, så det mere ser ud til at være født end at være formet eller bygget, fordi Gud ikke brugte noget middel.*

Verbet holel (חוֹלֵל) betyder helt præcist "at blive dannet", ligesom et foster dannes i livmoderen uden nogen hjælpemidler. Ved at bruge dette ord i dets egentlige betydning, ønsker Moses at antyde, at skabelsen af hele verden for Gud var en slags graviditet eller en slags fødsel, der fandt sted på Guds befaling.

Moses ønsker, at vi skal lære, hvor let det var for Gud at gøre alle ting ud af intet, da *alle ting, så at sige, blev født som et resultat af hans ord.* At blive født er en meget nem ting. Fødsel af et træ involverer ikke arbejde.

Den Gud, der gør sådanne vidunderlige ting, er vores Gud. Denne Gud tilbeder vi. Til denne Gud beder vi. *Han er den Gud, på hvis kommando hele universet blev født.* Hvorfor frygter vi så, hvis denne Gud er velvillig disponeret mod os? Hvorfor skulle vi være bange, selvom hele verden var vred på os? Hvis denne Gud er vor bolig, vil vi så ikke være sikker, selvom himlen selv faldt sammen? Vi har en Herre, som er større end hele verden. *Vi har en Herre, der er så mægtig, at ved hans ord blev alle ting født.*

Og alligevel er vi så mismodige, at hvis vi tilfældigvis fremkalder vrede fra en enkelt fyrste eller konge, ja, fra en enkel nabo, flygter vi hid og did og fortvivler for livet. I sammenligning med vores himmelske konge er alt andet i hele verden i virkeligheden som de letteste støvfnug, som en let brise fjerner fra deres sted og ikke tillader at slå sig ned.

Derfor er beskrivelse af Gud yderst trøstende og frygtsomme hjerter bør anvende den i alle prøvelser og farer.

På den anden side udleder vi også fra disse ord størrelsen på Guds vrede, ligesom Manasse minder os om i sin bøn, at alle mennesker burde "ryste og skælve" ved beskrivelsen af Guds store magt (Manasses Bøn, v. 4). Ingen kan udholde Guds vrede mod syndere. Når en person indser, at Gud, der er så magtfuld og stor, bliver vred og udfører straffe, hvor skal han da finde tilflugt? Han vil helt sikkert sige med David: "Hvor skal jeg fly for din Ånd? Eller hvor skal jeg flygte fra dit nærvær? Hvis jeg stiger op til himlen, er du der! Hvis jeg lægger mig i helvede, er du der!" (Sl 139, 7-8). Hvad kan tjene som tilflugt, hvis han bliver vred af hvis hånd alt blev skabt og som formår alt?

Derfor har de folk ret, som fastholder, at helvedes straf vil være så forfærdelig, at de gudløse vil ønske at flygte fra Guds nærvær, men ikke vil være i stand til det, som også Paulus fortæller os i 1 Thess 5, 3.

Med tanker som disse skal disse afstumpede syndere (Ef 4, 19), der på trods af deres store synder lever dag for dag uden den mindste frygt for fare, jages. Ja, de skal, som det var, blive knust med en hammer. De må lære at kende den sande natur og storhed af ham, som de provokerer til vrede med deres synder og tvinger til at pålægge straf. De skal se lynene og høre tordenbragene fra Sinajbjerget (2 Mos 19, 16-18). De må opleve jorden ryste og true med øjeblikkelig død. Men de, der erkender deres synder, og som allerede frygter Guds vrede, skal fortælles om vores tilflugtssted og dermed opmuntres.

Dette er den rette måde at dele Ordet på (2 Tim 2, 15). Man må komme til arrogante og selvtilfredse syndere på én måde, men på en helt anden måde hos dem, der allerede er blevet bange, og nu skælver og er mistænkelige over for alle påståede tilflugtssteder. Disse sidstnævnte bør lære at tænke over den uendelige, evige og almægtige bolig. De skal vide, at deres Gud ikke er en rasende dæmon, men den sande Gud selv, som er Herre over alle ting.

Fra denne beskrivelse af Gud som evig og almægtig, umålelig og uendelig, følger to overvejelser: For det første at hans bolig eller nåde over for dem, der frygter ham, er uendelig; for det andet, at hans raseri eller vrede over selvtilfredse syndere også er umålelig og uendelig. For effekten er altid i forhold til størrelsen af den bevirkende årsag.

Dette vers afslører klart, at menneskets død på utallige måder er en langt større ulykke end andre levende væseners død. Selvom heste, køer og alle dyr dør, så dør de ikke, fordi Gud er vred på dem. Tværtimod, for dem er døden, som det var, en slags tidsmæssig ulykke, fastsat af Gud, men ikke betragtet af ham som straf. Dyr dør, fordi det af en eller anden grund har virket rigtig for Gud, at de skulle dø.

Men menneskers død er en virkelig katastrofe og en uendelig og evig vrede. Årsagen er, at mennesket er skabt til dette formål: at leve for evigt i lydighed mod Ordet og at være som Gud. Mennesket blev ikke skabt til døden. Døden blev bestemt som en straf for synden; som Gud sagde til Adam: "Den dag, du spiser af dette træ, skal du dø" (1 Mos 2, 17).[28]

Menneskenes død er derfor ikke som dyrs død. Disse dør på grund af en naturlov. *Menneskenes død er heller ikke noget, der forekommer ved et uheld*[29] *eller kun har et aspekt af midlertidig karakter. Tværtimod, menneskets død skete, så at sige, efter en trussel og er forårsaget af en vred Gud. Hvis Adam ikke havde spist af det forbudte træ, ville han have været udødelig.* Men fordi han syndede ved ulydighed, hjemfaldt han til døden, som han ikke var bestemt til, som de dyr, der er underlagt ham. Han dør, fordi han fremkaldte Guds vrede og på grund af skylden for sin synd og ulydighed.

Derfor er det meget voldsomt at høre, at mennesket, der blev skabt til livet som et godt væsen uden fejl og som skulle have sin bolig i Gud, nu er bestemt til døden. Mennesket faldt fra sin tidligere lykke gennem synden. Det er dette, Moses ønsker at formidle til os på alle måder, når

---

[28] Non est creata ad moriendum, sed mors peccati poena constituta est
[29] nec est mors, quae casu acciderit

han detaljeret fremstiller Gud som en rasende Gud. Han gør det for at skræmme sikre og ubodfærdige syndere.

v3 Du lader mennesket vende tilbage til støvet, du siger: »*Vend tilbage, I mennesker!*«

Den hebraiske tekst lyder: "Du forårsager, at mennesker atter bliver knust." Men det betyder virkelig ikke andet, end hvad vi har oversat med: "Du lader mennesker dø". Jeg tror også, at min oversættelse er klarere.

Men med hensyn til betydningen af denne del af verset, når det forstås bogstaveligt, mente kirkefædrene, at det henviste til det syndige begær. Måske fordi de ikke oplevede anden fristelse end denne dyriske og kødelige. Faktum er, at de i deres skrifter sjældent nævner andre fristelser. Og så forstår man, at når papisterne taler om arvesynden, at de heller ikke mener andet end det kødelige begær.

Og da dette først viser sig i ungdomsårene, er arvesynden følgelig noget langt mere omfattende end at det også kan være og vise sig i mindre børn og også i fosteret, der stadig er i moders skød, som Salme 51, 5 viser.

Men fordi de teologiske doktorer normalt kun tog hensyn til de ydre ting, var de ikke i stand til at anvende Skriften på de mere latente og åndelige korruptioner af den menneskelig natur. De behandler ganske uforsigtigt de vigtigste læresætninger i Skriften. Vi vil lade dem følge deres tanker. Men vi vil følge den sande og virkelige betydning af teksten.

Den betydning, som Moses har i tankerne i denne passage, er derfor, at *det var på grund af synden, at mennesker faldt fra nåden og nu får døden som straf.* Han siger: "Du lader mennesket vende tilbage til støvet"; det vil sige: "Du får mennesker til at dø, og dermed reducerer du dem til intet." Er dette ikke et skræmmende udsagn og en yderst frygtelig vrede - at *mennesket dør på grund af Guds vrede?*[30] For er mennesket ikke et væsen så ædelt, at det overgår alle andre levende væsener? Er det ikke et væsen, der hverken er underordnet engle eller dæmoner, men kun den guddommelige majestæt? Ja, var det ikke skabt efter Guds billede for at leve og regere?

Det er virkelig en mere alvorlig død og en mere trist sag end slagtningen af en ko. Dette bliver meget tydeligt, når man ser omfanget af dette onde. Moses siger: "DU FÅR MENNESKER TIL AT DØ." "Mennesker" henviser til hele den menneskelige slægt. Moses inkluderer i dette ene ord "mennesker" alle efterkommere af vore første forældre. *Derfor er det, der blev skabt for livet, nu bestemt til døden. På grund af Guds vrede. Så hele menneskeheden er faldet fra udødelighed til den evige død.*

Vi skal også bemærke, hvor omhyggeligt Moses taler, når *han henviser denne vrede direkte til Skaberen.*[31] Han gør det, for ikke at manikæerne skal komme med deres vanvittige tanker og opstiller to guder, den ene nådig og god og den anden ond. *Moses siger ikke: "Djævelen reducerer mennesker til intet,"* men: "Du selv gør dette. Du, der har eksisteret før der var en himmel og en jord." Dette var manikæernes tåbelige lære, og utvivlsomt mange i vores tid klæber til den samme fejl. De forestiller sig også, at alle gode ting stammer fra en god gud, og alle onde ting fra en ond gud. Augustin havde selv denne falske opfattelse i næsten ni år.

Men det er ugudeligt at opfinde en ny gud for på denne måde at undslippe Guds vrede og således forsøge at afværge noget, som vi på grund af synden med rette har fortjent. Krigsfolk benytter sådanne ræ-

---

[30] Hominem per iram Dei mori
[31] hanc iram simpliciter refert in Creatorem

sonnementer for at foragte døden. Men jeg spørger: Hvad har du opnået, selvom du har foragtet døden i de mest veltalende vendinger? Har du af denne grund virkelig overvundet døden?

Vi må derfor huske, at Moses ikke argumenterer som Epikur. Han forsøger ikke at finde en måde at afbøde et uundgåeligt onde på. *Han lærer os derimod at henvise både godt og ondt til den ene Gud*[32] *og at lære, hvordan disse onder kan overvindes.* Det er det, der er Moses' primære hensigt.

Derfor er det et dybt ord, når Moses beder: "DU FÅR MENNESKER TIL AT DØ." Han siger: "Det er dit værk. På grund af din vrede opsluges hele menneskeslægten af døden." *Mennesker dannes ikke tilfældigt. De fødes ikke tilfældigt. De lider ikke tilfældigt. De dør ikke tilfældigt.*[33] *Selv dyr dør ikke tilfældigt. De dør, fordi vi får dem til at dø. Deres lidelser er i menneskets magt. Hvor meget mindre er døden og slutningen af menneskets liv tilfældigt! Derfor, som livet er resultatet af guddommelig rådslutning,*[34] *sådan er døden resultatet af Guds vrede. Det er Ham, der gør mennesket til støv igen. Det er Ham, der støder os fra livet ind i døden.*

Således henviser Moses med rette døden til Gud selv. Han vil advare os mod at se efter hjælp overalt, undtagen hos ham, der har forårsaget det onde. For den, der sårer, vil også hele. Dette er vores Guds navn: "Herren dræber, og gør levende, han sender ned i dødsriget, og henter op derfra" (1 Sam 2, 6). Om denne Gud siger Moses her: "Du gør mennesker til støv og du rejser dem op igen." Det er også denne Gud, der beordrer menneskers børn til at vende tilbage. Ligesom vi oprindeligt modtager liv gennem ham, så overvinder vi også endelig

---

[32] bona et mala referamus ad unum Deum

[33] Non temere fiunt homines, non temere nascuntur, non temere patiuntur, non moriuntur temere

[34] vita divino et certo consilio conceditur

døden gennem ham. Men årsagen til denne død er ikke kun begæret, men al synd.

Gud bruger ganske vist Djævelen til at plage og dræbe os. Men Djævelen kunne ikke gøre det, hvis Gud ikke ønsker, at synden skal straffes på denne måde. Vi er derfor "som får, der skal slagtes". *Vi er underlagt døden på grund af Guds vrede over synden.*[35]

Den anden del af dette vers lyder: "Du siger: VEND TILBAGE, MENNESKEBØRN." Dette betyder, at ligesom mennesker på grund af synden dør hver dag, så bliver der også født andre i mellemtiden, men under samme betingelse som dem, der døde. Således omkom den verden, der eksisterede før Syndfloden; for Herren havde sagt: "Jeg vil udslette enhver levende ting" (1 Mos 6, 7). Og alligevel sagde den samme Herre til Noa: "Lav dig en ark, så skal du og dine sønner og deres hustruer gå ind i den" (1 Mos 6, 18).

Således også til Adam: "Den dag, du spiser af dette træ, skal du helt sikkert dø" (1 Mos 2, 17); og et stykke tid senere sagde han: "Du er jord, og til jord skal du vende tilbage" (1 Mos 3, 19). Dette er de ord, der forkaster hele den menneskelige slægt. Og alligevel fødes mennesker kontinuerligt ind i dette liv, skønt de er underlagt den samme tragiske tilstand. De skal også dø.

Dette er en guddommelig beslutning, som Moses åbenbarer for os. Fornuften kunne ikke i sig selv vide dette. Både hedninger og munke har sagt en hel del om behovet for at foragte døden. Men hvad de sagde, var forkert. Som et resultat af sådan vrøvl bliver mennesker enten forhærdede syndere eller blasfemiske, da de bortkaster al gudsfrygt, bliver vrede på ham og betragter ham som en tyran, der uden nogen grund overlader mennesket, dette stakkels væsen, til døden.

---

[35] subiecti morti propter iram Dei, ob peccatum

Moses lærer os noget langt bedre. Han fortæller os, at skønt Gud forkastede mennesket på grund af synd, så forkastede han os ikke så fuldstændigt, at han ikke har medlidenhed med os og vil hjælpe os.

Fornuft kender ingen af disse *to sandheder*. Den véd ikke, at det var på grund af sin vrede over synden, at Gud overgav mennesket til døden. Den véd heller ikke, at der er et middel mod denne vrede, og at *dette middel er Guds barmhjertighed.*[36] Den véd ikke, at *denne vrede Gud lader sig selv formilde og overvinde gennem bøn*, og at han fornyer os til evigt liv gennem nådens ord og sin Ånd.

Selvom Moses her siger: "Du får mennesker til at dø og siger: Vend tilbage, menneskebørn!" så forøger han i Første Mosebog Guds løfter og velsignelse, men inddrager samtidig også mennesket i uendelige sorg.

I Første Mosebog siger Gud: "Vær frugtbar og formér jer" (1 Mos 1, 28). Her siger Moses: "Du gør at menneskenes børn vender tilbage." Dér siger Gud: "Du er jord, og til jord skal du vende tilbage" (1 Mos 3, 19). Her siger Moses til ham: "Du får mennesker til at dø." I et kort udsagn etablerer og ødelægger Gud således samtidig hele menneskeheden. Nogle bliver til støv og fortabes; andre fødes til lignende sorg.

Denne proces vil fortsætte, indtil den ventede dag for vores forløsning, hvor vi virkelig skal leve. Da fjerner Gud ikke kun denne forfærdelige lidelse i vort kød, men han vil også åbenbare sin herlighed i sine børn. I mellemtiden fortsætter Guds to handlinger: Han ødelægger den menneskelige slægt gennem lidelser, og han forøger den gennem fødslen.

Selvom dette nuværende liv er fyldt med sorg, er der derfor meget rig trøst i tanken om, at døden kommer først, og livet følger. Moses viser dette omhyggeligt, når han siger: "Du får mennesker til at dø" (dette kommer først) og derefter: "Vend tilbage, menneskers børn"

---

[36] contra iram hanc sit remedium in misericordia Dei

(dette er det andet og sidste trin, og jo mere ønskeligt). Det er virkelig en ulykke at være fattig, men hvem vil huske på det, hvis han til sidst bliver velhavende? Det er virkelig en forfærdelig ting at være sulten, men vores glæde er desto større, når vi bagefter sætter os til et fuldt måltid.

Moses udtrykker derfor indirekte håb om, at efter denne død følger liv, og ikke en fremtid, hvor mennesker dør som resten af de levende væsener. Mennesker dør, for at de kan blive ydmyget, ikke for at blive i døden. Han viser dette håb for dem, hvis hjerter er fulde af frygt, fordi de overvejer synden og Guds vrede. Ved afslutningen af sin bøn vil han med større klarhed udvikle *denne lære om sejr over døden og Guds vrede.*[37]

Men læseren skal også være opmærksom på Moses' måde at tale på. Han har en særlig grund til at benytte sig af almindeligt sprog, når han beder: "Du siger: vende tilbage, menneskers børn." Han husker ordene i Første Mosebog, hvor Gud siger: "Lad der blive en himmel, sol, måne," osv.; ligeledes: "Lad os skabe mennesket!" (1 Mos 1, 6, 14, 26). Alt blev skabt og bevares ved Ordet.

Moses bruger et sådant sprog også for at vise personens storhed, der med ét ord ødelægger og etablerer alle ting. *Hvad ser ud til at være mere ligegyldigt end et ord? Men når Gud taler et ord, sker det alligevel straks, hvad han siger.* Gud siger til min mor: "Bliv gravid!" og hun bliver gravid. Han siger til mig: "Bliv født!" og jeg bliver født.

---

[37] hanc doctrinam de vincenda morte et ira Dei

v4 Tusind år er i dine øjne som dagen i går, der er forbi, som en natte-vagt.

I dette vers fører Moses os til at se de menneskelige ting, som Gud ser dem. Han fører os ud af tiden *til det liv, hvor der ikke er nogen tid.*[38] Også denne tanke har til formål at vise os den persons storhed, som er vred på os. Hvis en person levede lige så længe som Metusalem, som blev næsten tusind år, ville vi tro, at sådan et menneske var i en mere gunstig situation end resten af menneskeheden. At han ikke kunne være genstand for Guds vrede.

Men Moses taler anderledes. Han fortæller os, at det ikke kun er Guds vrede, der ødelægger mennesket, men også hans hurtigt udførte vrede. Vi dør hurtigt og kan ikke trøste os med tanken om, at vi kan udsætte og forsinke døden. *Vores liv er et ekstremt kort og alligevel elendigt liv og efterfølges af evig død.* Fra denne synsvinkel blev selv ikke Metusalem tusind år, for tusind år er for Guds som dagen i går.

Hvem har nogensinde beskrevet menneskets liv så kort? Moses betegner ikke livet som et tidsrum, men som et voldsomt kast, der bringer os i døden.

Selvfølgelig forestiller vi os, at halvfjerds år er lang tid; og Cicero har helt ret, når han siger: "Ingen er så gammel, at han ikke håber at leve endnu et år." *Dette håb om en længere levetid er alle mennesker medfødt.* Det er grunden til, at alle organiserer sine planer og projekter, som om man ville leve for evigt. På grund af denne almindelige praksis forvandler mennesker deres liv til et evigt liv, hvorimod døden overalt opsnuser vores fodspor og til enhver tid er vores nærmeste nabo.

Sådan viser Moses os den mest forfærdelige ulykke, at vi ikke er opmærksomme på denne skræmmende tilstand, nemlig Guds vrede og menneskelivets korthed, skønt vi ser det med egne øjne og føler det.

---

[38] in talem vitam, in qua nullum est tempus

I dag dør en person, som i går havde håbet på at leve yderligere fyrre eller flere år. Selv hvis en sådan person faktisk opnår sit håb, ville han ikke da opgive håbet om et stadig længere liv.

Og således formaner Moses os til at bevæge os uden for tiden og se på vores liv, som Gud ser det. Vi vil så sige, at hele menneskets liv, selvom det strækker sig over mange år, næppe er mere end et kort øjeblik. Jeg er nu enoghalvtreds år gammel. Men hvis jeg betragter det, selvom det er lang tid, så er det som om jeg var født i dag. Hvad filosofferne siger, er derfor sandt: "Fortiden er væk; fremtiden er ikke ankommet; derfor har vi gennem alle tider kun dette NU. Resten af tiden er enten gået eller endnu ikke ankommet."

Moses forstærker derfor bevidst Guds vrede langt ud over folks mening og dom. Han gør det – for at bruge et kendt udtryk – intensivt, da han beskriver menneskets død som en langt værre og mere tragisk død end for alle andre levende væsener. Det er resultatet af Guds vrede.

Dernæst ekstensivt eller i udstrækning, da livet forgår med frygtelig hurtighed. Hele denne tid, der har eksisteret siden begyndelsen af menneskets skabelse, vil for Adam, når han rejser sig fra de døde, se ud som om han kun havde sovet en time. Vores dødelige legemes øjne er som et dyrs. De vurderer, at det er lang tid, hvis man har rundet hundrede år. Men i Guds øjne er tusind år som en dag, der er gået, og hvor intet er tilbage.

Job havde dette i tankerne, da han sagde: "Et menneske, en kvindefødt, har et kort liv, mættet med uro." (Job 14, 1). Guds vrede er ikke blot, som jeg har sagt, vrede, men snarere en hurtigt udført vrede og straf. Og selv som Guds person er uendelig, så er dette livets korthed yderst begrænset.

Hvad Skriften siger andetsteds: "For Herren er én dag som tusind år" (2 Pet 3, 8), gælder det åndelige og evige liv.

Med henvisning til udtrykket "som en nattevagt" henleder jeg opmærksomheden på, at de gamle jo havde den skik at opdele natten i fire perioder. Ligesom Moses derfor sammenligner tusind år med dagen i går, som er forbi, så sammenligner han også hele livet med den lille del af natten, som vi tilbringer i søvne. Det er som om Moses sagde: "Hvis du tæller dagene i dette liv, er de som dage, der er forbi; hvis du tæller nætterne, er de som en fjerdedel af natten." Således viser Moses ikke kun størrelsen på vores forfærdelige tilstand, men han minimerer også den bedste del. Livet er faktisk Guds gode skabning. Men fordi det er så kort og afkortes af døden, beklager vi med rette vores frygtelige tilstand.

Andre fortolker den sidste del af dette vers som følger: De siger, at ligesom der er vekslen i nattens perioder, sådan er der også i livet. Den person, der levede i dag, og som, så at sige, var vægter i sin stilling, er så blevet afløst ved døden; og en anden indtager hans plads. Posterne erstattes ikke altid af de samme soldater. Den, der var på vagt, forlader sin post, og en anden efterfølger ham.

Sådan siger Moses, at nogle dør, og andre fødes ind i livet, men på samme vilkår som deres forgængere. De bliver også senere afløst af andre. I de følgende vers finder vi endnu andre sammenligninger.

v5-6 Du skyller dem bort, de sover ind, de er som græsset, der gror om morgenen; v6 om morgenen blomstrer det og gror, om aftenen er det vissent og tørt

Den bogstavelige betydning af det hebraiske ord zaram (זְרַם) er "at flyde over", for at forårsage en destruktiv oversvømmelse, som en flod plejer at gøre. Dette ord er derfor en meget udtryksfuld sammenligning, for det afbilder hele den menneskelige slægt, som om den blev skyllet væk af en oversvømmelse. Den ene generation efter den anden skylles bort som en brølende strøm.

Er det ikke at sætte *dette stærkt overvurderede liv,* eller rettere hvad der er tilbage af det, på sin rette plads? Hvorfor er vi så stolte? Hvorfor foragter vi sådan Gud og som Epikur, håner Gud, fordi vi finder tilfredshed i glæderne i dette liv? Hvorfor lærer vi ikke snarere at vurdere Guds vrede, forstå vores liv og vide, hvad vores liv virkelig er, og med hvilken hastighed det føres videre til ødelæggelse, det vil sige fra en lille dråbe velsignelse til et hav af forbandelse?

Véd vi ikke, at søvnen er noget, der forlader os hurtigere, end vi er klar over? Før vi bliver bevidste om, at vi er faldet i søvn, har søvnen allerede forladt os. Derfor er vores liv virkelig en søvn og en drøm. Før vi opdager, at vi lever, er vi ophørt med at leve.

Sammenligningen med vores liv med græs findes ofte i De Hellige Skrifter. Derfor konkluderer vi, at de hellige profeter udvandt og lærte meget af denne Salme.

Det er åbenlyst, at David henter næsten hele Salme 39 fra Salme 90. I denne Salme bruger han endnu en sammenligning for at beskrive dette liv, når han siger: "Mennesket vandrer som et skyggebillede" (Sl 39, 7). I Salme 73, 19 læser vi: "De bliver tilintetgjort af rædsler. Som en drøm, når man vågner". I Salme 76, 5 får vi at vide: "De overmodige blev udplyndret og sank hen i søvn". Esajas skriver: "Alt kød er græs og al dets skønhed som markens blomster" (Es 40, 6). Salmisten fortæller os i Salme 102, 12: "Mine dage er som skyggen, der hælder, og jeg må visne som græs." Og forfatteren af Salme 144, 4 minder os om: "Mennesket ligner et vindpust, dets dage er som en flygtende skygge."

Hvis disse vers ikke fortæller os nok om vores liv, véd jeg ikke, hvilket mere magtfuldt sprog man kunne bruge. Barndommen er livets blomst. Når ungdommen nås, begynder kronbladene at blive grimme; for bekymringer og mangfoldige farer hindrer den stille strøm af liv, hvorimod barndommen ikke kender og ikke frygter disse bekymringer og farer. Derfor ser det ud til, at den tidlige del af menneskets liv passerer med utrolig hast. *Det er som digteren siger: "Den allerbedste tid*

*i livet, den første, flygter væk fra det stakkels dødelige menneske; syg-
domme følger, så melankolsk alderdom og trætthed, og endelig den
grusomme hånd med ubønhørlig død."*

Meget præcist sammenligner Skriften derfor livet med en blomst. I
sin blomstrende fase glæder den os med sin farve og duft, men den
mister begge dele, før solen går ned.

Og så udgør denne sammenligning med blomsten virkelig velsig-
nelsen ved skabelsen, for *den minder os om, at vi i vores tragiske liv
alligevel bliver opmuntret af en smuk blomst.* Men det er også en fase
af livets elendighed, at blomsterbladene så hurtigt falder til jorden og
visner, og at den ikke kan bevare sin farve og karakteristiske duft.

Det hebraiske ord halaph (חָלַף) betyder "blive ændret", når be-
klædningsgenstande ændres. Det hebraiske ord heliphot (חֲלִיפוֹת) be-
tyder således "beklædningsgenstande, der ændres." Moses, ønsker
derfor at sige, at græs eller en blomst bliver ændret, når den netop er
begyndt at være en blomst.

Skriften anvender dette verbum, når det siger, at himmel og jord
vil blive ændret (Sl 102, 27). Det lærer os således, at hverken himmel
eller jord på nuværende tidspunkt er klædt i deres ægte klæder, men
at de nu bærer en grov klædning. Men tiden kommer, hvor de skal
fornyes. De vil derefter iklæde sig noget andet og mere strålende tøj.
Nu er denne jord sumpet og faldefærdig. Men den dag ser den ud som
om den var lavet af ædelsten og sølv. Bjergene vil være diamanter, og
floderne vil være som den mest dyrebare balsam. Verbet halaph kan
betegne to slags ændringer: en ændring fra at være, til ikke at være eller
en ændring fra ikke at være, til at være.

Men det er også en meget smuk fortolkning: Hvis man forklarer
udtrykket "græs" til at betyde hele den menneskelige slægt, der meget
tidligt om morgenen bliver ændret fra et formløst foster til et menne-
ske. Så er det græs. Hele menneskeheden opstår af mørke og vinter og
udvikler sig som fra det døde frø til levende græs. Men umiddelbart

efter at det er kommet op, ændres det igen fra den bestemte form til vinter og nat. Derfor har Salomo ret, når han siger: "Solen stiger op, og solen går ned og skynder sig til det sted, hvor den stod op" (Præd 1, 5). Denne proces er en evig veksling. Det er denne ændring, som det hebraiske ord, der bruges i dette vers, betegner. Vi bliver opmærksomme på denne ændring, når vi bemærker, hvordan året ændrer sig fra sommer til vinter, og hvordan tiden ændrer sig fra dag til nat.

Jakob skriver: "Hos Gud findes der ikke forandring eller skiftende skygge" (Jak 1, 17). Natten ændres jo til dag; og dagen, som et resultat af vekslingsprocessen, bliver mørkere til natten. Men sådan er der ikke noget af i Gud. Desuden adskiller disse naturændringer sig fra den, som denne Salme taler om. Dette er ændringer, som vi finder i naturen; men den ændring, som salmisten taler om, er en ændring ikke i naturen, men en, der er resultatet af Guds vrede.

Det er en kilde til stor trøst for os, som jeg bemærkede ovenfor, at Moses i vers tre af denne Salme først taler om døden, og at han straks tilføjer en erklæring om livet. Som jeg sagde, gav han indirekte udtryk for håbet om, at vi efter døden igen vil blive levende, og at denne fysiske død vil afslutte i et sandt og evigt liv.

Men i det vers, som vi nu ser på, fortsætter profeten anderledes. Han vender ordenen om. Da han beskriver hele den menneskelige slægt, fortæller han os først, hvad dens status i livet er, og derefter, hvad dens status er i døden. "Om morgenen," siger han os, "blomstrer den som en blomst, men om aftenen ændres den; den er afskåret; den visner."

Hvad antyder denne forskel i rækkefølge af tanke? Vil Moses argumentere for, at fortolkningen, der er givet ovenfor, er usikker eller falsk? Nej, faktisk ikke. Det, han gør, er klart at beskrive vores triste tilstand ved at fortælle os, hvordan vi ser det, ikke hvordan Gud ser

det. Han sagde ovenfor (vers tre): "Du siger: 'Vend tilbage, menneske-
børn,' "men han tilføjede straks: "For tusind år er i dine øjne som i
går."

Historien er dog en helt anden, hvis vi følger vores egen bedøm-
melse og vores egen ræsonnement. Lad mig illustrere. Det er én ting at
se på et segl, der er indgraveret i ædelsten eller i guld. Det er en helt
anden ting at se på et voksaftryk af det segl. Hvis jeg må bruger denne
sammenligning, så ser Gud på selve ædelstenen. Vi ser kun omridset
af stenen eller aftrykket i vokset. Så hvad der er liv i Guds øjne er døden
i vores øjne. Hvad vi mener er tidsmæssigt, er fra Guds synspunkt ikke
tidsmæssigt. Det, vi mener er evigt, er i Guds øjne ikke evigt.

Lad os nu anvende sammenligningen. I dette vers taler Moses om
menneskers elendige tilstand, som vi ser det. Vi oplever, at en, der le-
ver i dag, er død i morgen. Foruden og ud over døden ser fornuften
intet andet, og fornuften er altid mere bekymret om vores sørgelige og
elendige tilstand end om livet. Dette skyldes vores naturlige eksistens.
Vi er utaknemlige, når vi er omgivet af gode ting og utilfredse, når vi
er omgivet af onde ting. *Vi er mest opmærksomme på de ting, der er
dårlige og mest ubevidst om de ting, der er gode.*

Se på naturlige genstande, der dagligt omgiver os, ting, vi ser, rører
og nyder. Kommer ikke korn, vin og hvad ellers vores livsform kræver
op af jorden, ja, af sten og bjerge? Så det er unægteligt sandt, at der
kommer noget ud af intet. Således går der ud af en gold og tom vinter
en overordentlig overdådig og dejlig sommer. Ud af natten kommer
dagen.

Dette er den evige mutation af skabelsen. Men vi utaknemmelige
væsener ser næsten bort fra denne mutation og vender vores øjne til
den anden mutation, hvor noget ændres til intet og går fra at være til
ikke at være.

Moses gør her opmærksom på denne mutation, når han følger vores måde at se på tingene ved først at tale om den elendige tilstand i dette liv og derefter om døden.

Men også i dette vers mindes vi om forskellen i forandring, som den påvirker alle andre skabninger, og som den påvirker os. Det faktum, at vi ændres og pludselig forgår som græs, skyldes Guds vrede.

Græs ændres dog ikke på grund af Guds vrede. Ligesom det kommer op af jorden *som et resultat af Guds beslutning,* sådan forgår det også uden noget ubehag og uden Guds vrede.

Dermed løber dagen sin gang som et *resultat af Guds gode vilje.* Men det faktum, at vi ændres og omdannes til sort nat, er *resultatet af Guds vrede.*

På denne måde fører Moses til det virkelige punkt i sin diskurs, og han klager ikke uden tårer over byrden ved Guds vrede; som om han sagde: "Er det ikke en frygtelig ulykke, at kun mennesket i modsætning til alle andre levende væsener lever et så elendigt liv og derefter forgår på grund af Guds vrede?"

Det er dårligt nok, at mennesket er som græs og forgår, før han har lært, hvordan han burde leve. Men i dette tilfælde er græsset i en langt bedre og mere heldig situation, for det kommer op og det forgår, mens Gud nikker sin godkendelse og smiler. Vi på den anden side, sådan fortæller Moses her, fortæres af Guds vrede og bærer en utålelig byrde, fordi vi véd, at *Gud hader os på grund af synden.*

v7 Vi går til i din vrede, vi forfærdes ved din harme.
Vi er nu kommet, som jeg allerede har bemærket, til det egentlige spørgsmål i Moses' diskurs. Men på samme tid viser Moses den dybe forskel mellem mennesket og alle andre skabninger. *Mennesket omkommer på grund af Guds vrede.* Med ubarmhjertig hastighed føres vi frem til ødelæggelse. Men dette er ikke skæbnen for græs, blomster,

fugle på himlen og dyr, der strejfer rundt på jorden. *Mennesket alene lider denne skæbne. Vi fornemmer, at synden og Guds vrede uløseligt er vævet sammen med vores død og med alle andre elendigheder, der sker i livet.*[39] På den anden side dør kvæg, får og alle andre levende væsener ikke som et resultat af synden og Guds vrede, men kun fordi det behagede Gud i hans evige råd at bestemme, at de skulle dø.

Man ser næsten et stykke blasfemi i denne fortolkning af Moses. Hvis man indser, hvad Moses siger her, men ikke også er opmærksom på lyset fra Guds nåde, vil resultatet uundgåeligt være fortvivlelse og den værste blasfemi. Hvem kan overveje Guds vrede og ikke mumle misbilligelse?

Selv de uskyldige skabninger kan ikke bære deres lidelser uden protester. Et svin, der slagtes, udtrykker sit oprør og nød ved sit skrig. Et træ, der hugges om, tumler ikke ned til jorden uden en knirkende lyd.

Hvordan skulle den menneskelige natur så derfor kunne tænke på Guds vrede uden tårer, uden at mumle, uden den mest kraftige indsigelse? Hvordan skulle det være ligeglad med døden, da det véd, at det må dø på grund af synden og som et resultat af Guds vrede?

Da fornuften er fast besluttet på at undslippe Guds vrede, foreslår den enten foragt eller blasfemi. Erasmus' bog "Colloquia" indeholder en dialog med titlen "Epikur". I denne dialog gør forfatteren opmærksom på, at den kristne religion besidder Tantalus' sten[40], da de efter lidelserne i dette liv er dømt til evig ild. Hvad kan, sådan hævder Erasmus, være et mere effektivt middel mod dette onde end vantro eller fortrængning, som nægter at tro på, at dette er sandt?

Sådan argumenterer fornuften. Det virker utroligt og uværdigt for Guds visdom og godhed, at man ud over al denne lidelse i dette liv

---

[39] Is sentit cum sua morte et reliquis huius vitae calamitatibus etiam coniunctum esse peccatum et iram Dei

[40] Ifølge græsk mytologi

også skal frygte en evig død og gøre det, fordi Gud er vred på det lidende menneske. Sådanne tanker kan ikke overvejes, uden at de fører til blasfemi. Derfor rådgiver Epikur: "Bliv enten vanvittig eller vantro og frigør dig således fra denne følelse af vrede og synd, når du befinder dig i disse elendigheder og døden."

Åh, hvilket useriøst råd! For hvad hvis du ikke er i stand til at være vantro, og du frygter, at det, du nu fortrænger, efter dette liv kan vise sig at være sandt? Eller hvad hvis du ikke er i stand til at fortrænge det, så det er umuligt for dig ikke at tænke over denne forestående fare?

Derfor kan mennesket, som han er af natur, ikke gøre andet end at blive fyldt af frygt og være indigneret over tanken om, at efter døden hersker Gud, for hvem man skal være bange, stadig over os. Sådan siger Velleius hos Cicero: "På denne måde pålægger han os en evig tyran på vores hals."

Derfor må vi være nøje opmærksomme på Moses' eksempel. Vi må lære at regulere og kontrollere den klage, der kommer fra vores hjerte, når vi bliver overvældet af Guds vrede og døden. *Der er ikke noget galt i at føle Guds vrede på denne måde, blot vi ikke falder i den tåbelige fejl at foragte eller spotte Gud på grund af trængsel.*

Det sker selvfølgelig, at klagerne fra helgener, der lider af sådanne prøvelser, også indeholder mindst et element af blasfemi. Eller skal vi undskylde Job, der forbandede sin fødselsdag? (Job 3, 1–3). Skal vi undskylde Jeremias, der blev bitter, fordi Gud ikke ødelagde ham i livmoderen? (Jer 20, 17).

Hieronymus udtrykker også en temmelig dristig tanke, når han siger, at mennesker er mindre heldige end alle dyr, da vi udover alle disse lidelser også må forudse en evig død eller i det mindste må frygte det. Det er protester, der kommer fra et vredt hjerte og en indigneret reaktion på det onde.

Og alligevel er det ikke et dårligt tegn, at man bliver vred. Men vi skal styre og kontrollere sådanne udbrud med forstand[41]. Sådan føler de unge seksuel lyst; men Gud tilgiver det, forudsat at man kontrollerer og styrer det eller gifter sig. Sådan er også kristne kendt med et surt, spottende og tvivlende hjerte; men disse følelser skal kontrolleres, for at de ikke, som hos de gudløse, enten ender i foragt for Gud eller i fortvivlelse.[42]

Augustin siger: "Det er langt bedre at være til end ikke at være til. Men hvis du tænker, at det modsatte er mere ønskeligt, så er sådanne tanker ikke langt fra blasfemi. Især hvis du giver disse tanker plads."

7b vi forfærdes ved din harme.

Den anden del af dette vers: "og vi forfærdes ved din harme," henviser i virkeligheden til den frygt, som mennesker har over for døden. Hvis denne frygt ikke eksisterede, ville døden virkelig være en slags søvn. For ligesom en død slange bevarer formen af en slange, men er uden gift og ikke kan skade, sådan ville døden virkelig være død, hvis den ikke længere skabte terror i menneskers hjerter; for denne frygt er virkelig dødens gift.

Vi bør derfor bede om, at vi ikke skal opleve denne terror og frygt i vores sidste time, men hellere i livet, selvom vi ikke er i stand til at udholde døden uden at surmule. Paulus minder os om: "Kampe i det ydre og frygt indeni" (2 Kor 7, 5). Men i vores daglige liv er denne frygt nødvendig. *Den sætter os i stand til at døde vores gamle menneske og vække ham, for at han ikke skal snorke i selvtilfredshed.*

Derfor, ligesom børn, som tugt ikke kan opdrage, må forbedres via myndighederne, sådan må disse mennesker, som fysiske straffe ikke

---

⁴¹ gubernes hunc motum et regas certa ratione.
⁴² Ita in Christianis quoque haerent illi motus murmurantis, blasphemantis, dubitantis cordis, Sed gubernari debent

forbedrer, og som ikke lærer gudsfrygt fra sådanne straffe, blive ydmyget med helvede og med en oplevelse af Guds vrede, så de ikke må forblive fuldstændig uforstandige.

Dermed er frygt for døden den ene elendighed, der gør os mere elendige end alle andre skabninger. Selvom disse også er underlagt forandring og død, ændres de ikke på grund af Guds vrede, ligesom vi, der tilbringer vores liv i konstant frygt for guddommelig vrede.

Nu gør Moses opmærksom på en anden ulykke. Han fortæller os, at vi også er belastet med synder. Heller ikke denne ulykke véd de andre levende væsener noget om og oplever den ikke.

Det sker ofte, som jeg har observeret i mange tilfælde, at uerfarne personer, som var bevidst om sådanne tanker om blasfemi næsten døde som resultat. Derfor skal sådanne tanker holdes under kontrol. *Men sådan kontrol er kun effektiv, hvis man er fast overbevist om, at Gud ikke har afvist os, fordi vi tilfældigvis mærker disse ting.* Selvom årsagen til sådanne tanker delvis ligger inde i os, da de er et produkt af arvesynden, hjælpes de ikke desto mindre og forøges af Fristeren, Satan.

Således sker det ofte med fromme unge mænd og kvinder, at de *imod deres egen vilje* bliver grebet af tanker om seksuelle lyster. Når en person bliver grebet af disse tanker, bliver ens hele væsen fanget af det, så man ikke ser, hører og tænker på andet end hvad dette ønske antyder. På samme måde bliver menneskers hjerter overvældet af vrede, angst, had og andre lidenskaber.

I sådanne prøvelser er det nødvendigt at vejlede sig selv. Vi må ved hjælp af Helligånden bekræfte os selv og være sikre på, at vi ikke går fortabt, fordi vi tilfældigvis oplever sådanne lidenskaber. Det er heller ikke altid på grund af begær og svaghed i kødet, når en ung mand bliver overvældet af seksuel lyst, eller når hjertet bliver opildnet af vrede og andre syndige følelser. Ofte er disse forårsaget af Satan, der vækker hjertet med hans stimuli og sætter kødet i brand i modstrid med ens egen vilje.[43]

Det sker ofte, at man alvorligt ønsker at slippe af med de urenheder i hjertet, men ikke lykkes. Så må man følge dette råd: først må man ikke, som jeg allerede har antydet ovenfor, mistvivle over sin frelse; for det andet skal man modstå sådanne tanker; man må ikke godkende dem eller give plads til dem. På samme tid må man også i inderlig bøn bede om guddommelig hjælp.[44] Sådanne prøvelser kommer ikke til os, for at vi skal ledes af dem og handle i overensstemmelse med dem, men for at vi skal *modstå dem* og *kæmpe imod dem gennem bøn.*

Men hvad jeg siger om de mere åbenlyse fristelser til seksuel lyst, vrede osv., gælder også for blasfemiens fristelse. Satan er så vellykket med at forklæde sig som en lysets engel (2 Kor 11, 14) og Guds billede, at han lokker os væk fra bønnen og Ordet og derefter angriber og bemægtiger os i vores nøgne og hjælpeløse tilstand. Og når det er lykkedes ham at friste os med blasfemiske tanker, rejser han straks anklagen mod os: "Se bare hvilket hjerte du har! Er du ikke en synder?" Dette må vores hjerte naturligvis indrømme. Men så drager han konklusionen: "Er det derfor ikke sandt, at Gud er vred på dig? Hvordan skulle han kunne være andet over for synd?" Hvis du giver efter for dette i mindste grad, vil Satan overmande dig fuldstændigt. Satan har virkelig myrdet mange kristne med denne form for angreb.

Derfor må man udøve kontrol for at være i stand til at modstå fjenden og være forvisset om, at Gud kender ens svaghed, og at Gud ikke bliver fornærmet, så længe man ikke giver efter for fristelsen. At du er en synder, og at du ydmygt tilstår dig selv at være en synder - sådan ydmygelse for Gud behager ham. Han har selv lært det gennem Moses

---

[43] Sed saepe accidunt talia a Satana agitante animos stimulis suis et accendente carnem contra voluntatem.

[44] reluctemur cogitationibus talibus nec eas approbemus aut eis indulgeamus, et simul, ut per Orationem seriam flagitemus a Deo auxilium.

og profeterne og åbenbaret sin lov for os, for på denne måde at ydmyge os.

Men alle fristelser, som Satan anvender for at få en til at fortvivle eller for at få en til at foragt og spotter Gud, må betragtes som blot lidelser, men ikke som virkelige realiteter på grund af guddommelig dom. Når for eksempel en søn tugtes af sin far, ser han ikke på tugtelsen som et symbol på at miste sin arv. Selvom tugtelsen forårsager smerte, er han overbevist om, at hans far stadig er hans far og fortsat vil være hans far. Ligeledes ser en person, der er plaget af en alvorlig sygdom, væk fra sygdom og ser og håber på bedring.

Derfor er sådanne tanker om blasfemi virkelig skræmmende. Men de er ikke desto mindre gode, forudsat at man kontrollerer dem og bruger dem til ens fordel. De inkluderer de "uudsigelige sukke," (Rom 8, 26), som "trænger gennem skyerne" (Sirak 35, 21) og som sådan tvinger den guddommelige majestæt til at tilgive og redde.

Disse tanker kan mærkes som alle andre åndelige tanker. Men de kan ikke udtrykkes med ord, og de kan kun læres gennem erfaring. Derfor fortjener Dionysius, der skrev om "Benægtende teologi og bekræftende teologi" (Theologia Negativa et Affirmativa) at blive latterliggjort. I den sidste del af sit arbejde definerer han "bekræftende teologi" som "Gud er til." Og "benægtende teologi" definerer han som "Gud er ikke til."

Men hvis vi ønsker at give en ægte definition af "benægtende teologi"[45]*, skal vi sige, at det er det hellige kors og de lidelser,* i hvilke vi ikke genkender Gud, men hvor de sukke ikke desto mindre er til stede, som jeg har nævnt.

Det er af værdi at blive mindet om ovenstående observation og også ofte at understrege den på grund af dem, der enten selv oplever så-

---

[45] Theologiam negativam

danne prøvelser, eller hvis pligt det er at trøste andre, der er overvældede af dem. Skriften byder os udtrykkeligt at "opmuntre de svage" (1 Thess 5, 14) og at "en osende væge ikke skal slukkes," (Es 42, 3), men snarere plejes.

Helligånden véd, at Djævelen er fuldt ud mobiliseret, og at han forsøger hver time på dagen at angribe os med sådanne tanker om fortvivlelse og bedrøvelse. Derfor minder og formaner Ånden os overalt om, at *kristne har guddommelig tilladelse til at undervise og trøste hinanden.*[46]

Og derfor skal vi også udvise omtanke og flid indbyrdes. Du skal lytte til mig efter Guds befaling, når jeg trøster dig i den kamp og fare, du måtte være i, og du skal tro mig. På den anden side skal jeg lytte til og tro på dig, når jeg befinder mig i en lignende nødsituation. *Jeg er jo en doktor i teologi, og mange fortæller mig, at de har forøget deres viden om Den Hellige Skrift gennem min hjælp. Men jeg har også oplevet, at jeg blev hjulpet og opmuntret gennem et enkelt ord fra en bror, der på ingen måde mente, han var min ligemand. Der er en enorm vægt i ordet fra en bror, som han i en svær situation henter fra Skriften. For Den hellige Skrifts uadskillelige ledsager er Helligånden, der bevæger hjerter på forskellige måder og trøster os gennem Ordet.*[47]

Vi får at vide, at Timotheus, Titus, Epafroditus, og de brødre, som var kommet fra Rom for at møde Paulus trøstede ham, selv om han på mange måder var mere lært og mere erfaren i Guds ord. *Selv de største hellige har perioder, hvor de er svage, men andre er stærke.*

Og sådan er denne Kristi permanente lov og direktiv: at de stærke skal bære de svage (1 Kor 12, 22), ligesom skelettet bærer kødet. Ingen afskærer næsen, fordi den er fuld af urene bumser og som om den var hjernens kloak, sådan er selv i svaghedstider *de svage stadig en del af*

---

[46] Christiani divina autoritate alius alium doceat et erigat.

[47] Habet enim Scriptura inseparabilem comitem Spiritum sanctum, qui corda varie movet et erigit per verbum.

Kristi rige. De skal derfor ikke skubbes til side, men de skal *plejes, genopbygges og bringes tilbage på fødderne.*

Men lad os vende tilbage til Moses. Han har nu virkelig nået højdepunktet i sin behandling. Her lægger han frit sine tanker frem for Gud, så han senere i sin bøn lettere kan bevæge ham til at tilgive og redde.

"Hvad", spørger han, "er vi mennesker, som din vrede dræber?" Vores død er sandelig ikke kun mere forfærdelige end alle andre levende væseners dødsfald og elendigheder, men også mere forfærdelige end andre menneskers. Hvad gør det, at Epikur dør? Han er ikke kun uvidende om, at der er en Gud, men ignorerer også sin egen elendighed, som han oplever.

Kristne og gudfrygtige mennesker véd imidlertid, at deres død sammen med alle andre elendigheder i dette liv skal henføres til Guds vrede. Derfor finder de sig selv *krigende og kæmpende med en vred Gud* i et forsøg på at beskytte deres frelse. Hvilke elendige mennesker er vi ikke, der bliver plaget og bedrøvet af elendighederne i dette liv! Men selvom disse ikke eksisterede, ville frygten for døden alene være en katastrofe nok. Ingen arter af levende væsener plages af frygt for døden, som mennesket gør.

Men hvorfor skal jeg overhovedet tale om irrationelle dyr? Lad os kun koncentrere os om onde menneskers liv som Epikurs og hans slags. Som Job fortæller os i kapitel 21, bor disse mennesker virkelig "i sikre og fredelige huse, og ingen Guds stav hviler på dem; de tilbringer deres dage i velstand, men på et øjeblik farer de til helvede" (Job 21, 9, 13). De fromme og de hellige plages imidlertid gennem hele livet af mangfoldige ængstelser angående døden og andre anliggender. Satan hjemsøger dem dag for dag med frygt og usikkerhed i livet. De véd, at Gud vredes på grund af synder, og at *synden er årsagen til alle elendigheder.* Det véd fornuften og hedningerne ikke.

Vi oplever også sådanne tanker om frygt og om Guds vrede. Men lad os ikke fortvivle, som om dette var et ondt tegn. Senere hører vi Moses bede til Gud om at give ham *visdom til at reflektere over denne vrede.*

Vi ser, hvor skræmmende selvtilfreds menneskets hjerte virkelig er. Selvom mennesker dagligt mindes om denne vrede af deres egne frygtelige elendigheder og af andres, søger de dog ikke efter Gud. Esajas har helt ret, når han siger: "Folket vendte sig ikke til ham, der slog dem" (Es 9, 13). De er som svin og helt uden følelse. De véd heller ikke, at deres elendigheder er påført af Gud.

Men det er Guds vilje, at vi i det mindste indser vores elendige tilstand og begynder at forstå, at vores lidelser er beregnet til vores forbedring. Når du derfor er opmærksom på, at dine mange lidelser skyldes Guds vrede på grund af synden, og når du som et resultat bliver utålmodig og endda lejlighedsvis knurrer mod Gud, skal du ikke tabe modet af denne grund. Årsagen til sådan opførsel ligger ikke alene i dig. Satan er også ansvarlig for det. I paradis lærte han mennesket ikke at være tilfreds med Guds ordning af tingene, men at spørge efter dets årsag (1 Mos 3, 1). Her er kilden til den utålmodighed, der giver anledning til spørgsmål som: "Hvorfor blev vi født? Hvorfor er vores lod ikke det samme som dyrenes?"

Selv de hellige er ikke uberørte af denne fristelse, og det var ikke helt ukendt i klostrene. Man kaldte det blasfemiens ånd. På forskellige måder trøster Gerson brødrene, når de føler denne fristelse.

Han bruger illustrationer af mange slags. Ligesom vi ser bort fra gæssenes susende støj, sådan må vi se bort fra og smide disse fristelser ud af vores sind, selvom vi føler dem. Og igen, ligesom en bjælkehund bliver desto mere ondskabsfuld og rasende, jo mere vi prøver at berolige den, sådan må vi ifølge Gersons råd ikke fremme sådanne tanker om blasfemi ved at give dem opmærksomhed.

I bogen "Fædrenes liv" finder vi en anden illustration. Her siger nogen, at disse tanker er som fugle, der flyver rundt i den åbne himmel. Det ligger ikke, sådan siger man, inden for vores magt at forhindre dem i at flyve rundt over vores hoveder, men det ligger inden for vores magt at forhindre dem i at bygge rede i vores hår.

Således har disse tanker sin oprindelse uden for os, nemlig fra Djævelen. Vi kan ikke forhindre dem i at komme til os. Men vi kan være på vagt, når de kommer, og vi skal ikke omfavne dem og således vikles ind i synd. Dette er godt sagt og udspringer af stor åndelig erfaring.

Vi har også her et middel til at trøste os, når Satan skyder sine pile (Ef 6, 16) i vores hjerter. Vi skal forstå, at dette er tanker, der er tilskyndet af Djævelen og af vores egen svaghed, som af natur er tilbøjelig til utålmodighed og brok. Satan finder derfor i os et åbent vindue, hvorfra han kan angribe os.

Og alligevel bør vi ikke blot tage hensyn til Djævelens raseri, men også til Guds plan. Han har lovet sin nåde til hjerter, der er sårede, og tillader sådanne ydmygelser, så vi kan sukke og bede til ham.

Således førte han Moses ind i den ekstreme nødsituation ved det Røde Hav, ikke for at ødelægge ham og for at lade egypterne, efter at de havde besejret jøderne, vende tilbage uskadt til deres hjemland, men for at Moses måtte bede og blive frelst, da det var hans skyld, at folket var blevet drevet ud i denne katastrofe. Moses var opmærksom på den store fare, der truede ham. Hans læber var tavse. Og alligevel sagde Herren til ham: "Hvorfor råber du til mig?" (2 Mos 14, 15).

Moses omkom ikke i denne fare, og Gud fristede ham ikke, for at han skulle omkomme, men for at hjælpe ham ved Ånden og lære ham at bede af hele sit hjerte om befrielse. Sådan vil heller ikke de gå fortabt, men blive frelst, der virkelig føler tanker om blasfemi, men som alligevel kontrollerer og styrer dem, som jeg har sagt ovenfor.

For ligesom den ulmende lyst bor hos unge mennesker, sådan arbejder Djævelen i de åndeligt sindede, for at få dem til at fortvivle. Når han ser mennesker bekymrede for deres frelse, plager han deres hjerter med tanker om vrede og med eksempler på Guds forfærdelige dom over mennesket, der er underlagt synden og døden. Så begynder man at argumentere med sig selv: "Hvorfor har Gud tynget os med evige elendigheder?" Den, der giver ører til et sådant ræsonnement, bliver gradvis så fyldt af en følelse af Guds vrede, at han på grund af sin angst og frygt ingen fred finder.

Når vi oplever dette, må vi derfor tro, at *tiden ikke er kommet til at fortvivle, men at sukke.* Suk derfor efter din befrielse, som helt sikkert kommer. Og fortæl Satan, at han selv burde spørge Gud, hvorfor han tillader dette. Hvad os angår, véd vi, at disse elendigheder og alle andre lidelser er lagt på os, så vi kan blive ydmyget, for "ikke at blive fordømt" (1 Kor 11, 32).

Dette er også grunden til, at Moses udvidede det argument, han begyndte, og hvorfor han forstørrede menneskets elendighed ud over alle andre elendigheder: fordi det er vævet sammen med guddommelig vrede. Derfor oplever mennesker, der ikke rejser sig fra deres modløshed ved troen på Guds barmhjertighed, enten fortvivlelse eller blasfemi. Men Gud ønsker ikke, at vi fortvivler. Han ønsker, at vi gennem Kristus overvinder disse fristelser, ligesom apostlene og andre hellige overvinder lignende fristelser.

Således har hellige jomfruer mærket deres køn. Martyrerne har følt smerten ved deres pine. Men i begge tilfælde kontrollerede de deres følelser og vandt.

Og sådan føler alle hellige Guds vrede, men de overvinder denne følelse gennem Kristus. Denne følelse er en side af kødets dødelse. Den er stor nok til at gå fortabt. Og at opsluges af Guds vrede er virkelig noget, som den menneskelig fornuft ikke forstår at overvinde, medmindre det bliver instrueret af Guds ord og hjulpet af Helligånden.

v8 Du har stillet vore synder for dine øjne, vore skjulte overtrædelser i dit ansigts lys.

Moses sagde i det forrige vers, at mennesket tilbringer sit liv i frygt for døden. Hvorfor er det sådan? Fordi vi er syndere, og "syndens løn er død" (Rom 6, 23). Når vores samvittighed bliver opmærksom på synd, kan den derfor ikke undgå at føle og konkludere, at Gud er vred, og at mennesket som en konsekvens heraf skal dø.

Ordet aluménu (עֲלֻמֵנוּ) udpeger de ting i os, der er skjulte og hemmelige. "Disse ting," siger Moses, "har du så at sige placeret i solens strålende lys. Du ser dem." Og "Du vil ikke", som Job siger, "holde mig uskyldig" (Job 9, 28).

Heller ikke denne iagttagelse er langt væk fra blasfemi, hvilket bliver tydeligt, når man inspicerer hjertet, når det overvejer disse ord. Hjertet indikerer faktisk, at det ønsker at slippe af med synden. Men det siger: "Det er umuligt for mig." Hvis skyld er det, at dette er umuligt? Guds naturligvis, der ser de mest skjulte ting i os, som ikke undskylder noget, der noterer alt, og som skriver alt, selv de mest bagatelagtige ting, i sin regnskabsbog.

Som et resultat af denne tanke er selv vores bedste gerninger skuffende, da himmel og jord ser ud til at være fulde af vores synder.

Dette er klimakset i det drama, som Gud spiller med os. Hans hensigt er, at vi spiller vores rolle i fuld opmærksomhed om vores synder og om døden. Alligevel er det ikke en ond ting, som jeg har vist ovenfor, at have denne opmærksomhed, at klage over vores elendigheder og konkludere, at der ikke er noget i os uden fordømmelse. *Man skal faktisk klage og sukke på denne måde.* Man skal også prøve at arrangere og styre ens liv i overensstemmelse med sådanne suk. Så vil det ske, at man bliver opmærksom på frelsen.

Desuden må man bemærke, især på dette punkt, udsagnet om, at ingen kan kende alle sine synder. Dette bliver især tydeligt, når man ser på størrelsen af arvesynden. Dette er heller ikke overraskende.

Hvem kunne tilstrækkelig beskrive et enkelt udslag af det syndige begær, som alle kender, selvom vi alle var digtere i rang af Vergil eller Ovid?

Derfor siger Salomo: "Mandens færden hos den unge kvinde er ufattelig for mig" (Ordsp 30, 18-19). Det betyder, at *de følelser, der foregår i de elskendes hjerter, ikke kan analyseres eller udtrykkes tilfredsstillende sprogligt.* Hvor meget mindre kan derfor alle andre mere alvorlige og åndelige synder kendes tilfredsstillende, såsom utålmodighed i modgang, blasfemi, surmuleri mod Gud osv.? Alene vantroen er et uudgrundeligt dyb af synd!

I sandhed er synden derfor lige så stor, som Ham, der bliver såret over den. Men Ham kan himmel og jord ikke rumme.

Derfor kalder Moses synd for en hemmelig ting, hvis omfang menneskers sind ikke kan fatte. Ligesom Guds vrede og døden er uendelig, sådan er også synden.

Moses vil have, at vi skal lære og tro, at *når vi er blevet rædselsslagne, skal vi sukke til Gud om nåde.* Så skal vi ikke tælles blandt dem, der forarger Gud; men som angrende syndere ydmyget til døden, skal vi ved Guds nåde håbe på den "evige vægt af herlighed" (2 Kor 4, 17).

Alle, der således angrer og er ydmyget af lovens hammer, skal informeres og lære at slukke Satans pile (Ef 6, 16), når han opfordrer os til at finde ud af grundene til, at Gud handler med os på denne måde. Hvorfor han udviser al sin kraft mod dette "tørrede blad" (Job 13, 25) for at bruge Jobs udtryk. Sådanne ræsonnementer kan opstå i dit hjerte. Men de behøver ikke skræmme os. Vi skal hellere være forvissede om, at de også er syndens straf og Djævelens pile, som vi skal *afvise med troens skjold,* og som tjener formålet med at undertrykke vores selvtilfredshed og den stolthed, som arvesynden har påført os.

Alt, hvad der kan siges om menneskets tragiske tilstand, siger Moses i dette vers. Jeg tror heller ikke, at dette kan siges med bedre eller mere præcise ord. Moses har ført argumentet til dets endelige og logiske ende, når han siger, at *synden er årsagen til alle vores elendigheder,* og at selvom synden er skjult for os og for hele verden, er den ikke desto mindre åben for guddommelig inspektion og fuldt kendt i Guds strålende lys. *Hvilken tungere sandhed kan udtrykkes?*

Ikke desto mindre adskiller Moses sig fra alle andre, der spotter Gud, for så vidt som han indtil dette klæber sig fast ved dette barnlige suk til den himmelske Fader. Han vender ikke sit ansigt *fra* Gud. Han undervurderer ikke Gud. Han spotter ikke. Han mumler snarere og klager med et ærligt ansigt og på barnlig måde.

Gudløse mennesker, der føler Guds vrede, gør det sådan: ligesom Judas, Kain og Saulus foragter de alt håb om Guds godhed. De brænder af et voldsomt had mod Gud, de spotter Gud i deres hjerter og fortsætter med at synde mere og mere.

Nu følger der:

v9 Alle vore dage svinder hen i din vrede, vi henlever vore år under suk.

Ordet panu (פָּנוּ), som vi har oversat "til at gå bort", antyder en usædvanlig formindskelse eller forringelse af menneskelivet. Det betyder, at vores liv ikke vender sit ansigt til os, som om det bevæger sig mod os, men snarere ryggen, da det skynder sig af sted med høj hastighed. Digteren har sagt det rammende: "Den bedste del af livet, den første, suser væk fra det stakkels dødelige menneske; derefter følger sygdomme, osv". Hvis man derfor skulle tælle alle årene fra den dag, hvor Adam begik den første synd til dette nuværende øjeblik, ville man opdage, at alle disse år i deres helhed sammen med hele menneskeheden, er intet andet end et tilbagetog og en flugt. Der er intet af statisk eller fast varighed. Det er som digteren siger: "Tiden flyder væk, og vi bliver gamle, mens årene går i stilhed."

Moses var naturligvis ikke den første og eneste person, der sagde dette. Han arvede denne observation fra patriarkerne, der sammenlignede livet med en overordentlig hurtig flugt.

Men det langt mest vigtige punkt, som Moses har fremsat, er dette: *Han siger ikke kun, at livet flyver væk, men også at denne flugt er en straf, der pålægges af en vred Gud.* Andre levende væsener oplever også, at deres liv ikke varer længe. Men for dyr skyldes den hurtige passage af livet ikke Guds vrede.

Og således er Moses også tro i sit kald på dette punkt ved at minde os om vores *triste tilstand.* Hans mål er at skræmme vores hjerter, så vi som følge af modgangen kan lægge alle følelser af selvsikkerhed til side og i frygt for Gud lære at bede på samme tid.

Den kendsgerning, at han tilføjer: "Vi lever vores år, som om de var et suk," tjener også til at understrege vores ekstremt elendige liv. Ligesom et digt eller en linje fra Vergil forsvinder, når det reciteres, forsvinder også vores liv.

Desuden er denne sammenligning mest hensigtsmæssig i en af to måder, enten man forstår det som en henvisning til essens eller bevægelse. Med hensyn til sin essens, véd ingen, hvad talen er. Det er en lyd, der berører øret. Dog er hverken begyndelsen eller slutningen kendt. Det vides heller ikke, hvad det er, eller hvor det stammer fra. Før man begynder at tale, er lyden intethed. Når man holder op med at tale, er det intethed. Bortset fra dens lyd véd vi intet om talens art.

Sådan, siger Moses, er vores liv: det er en slags ekko, der kommer til en ende og ophører efter den kortest mulige tid. Men hvis du foretrækker at fortolke sammenligningen som henvisning til bevægelse, ville dette også være legitimt. For at overveje: Hvad bevæger sig hurtigere end den menneskelige stemme? Synet er faktisk hurtigere, men synet fastgøres kun på ét enkelt objekt. Det kan ikke på ét og samme tidspunkt overføres til forskellige objekter på en sådan måde, at det identificerer enhver korrekt. Men talen lyder på et øjeblik fra menneskets læber på perfekt måde og rammer på samme tid eller nu alles ører.

Dette er grunden til, at digtere begavede Merkur med vinger. Derfor er også tilnavnet "vingede ord," opfundet af Homer, almindeligt kendt, som også Ovid: "Et ord, når det er talt, er uigenkaldeligt."

Uanset om man forstår sammenligningen i dette vers som at henvise til essensen eller til bevægelsen af tale, er det et meget meningsfuldt billede på livets korthed. For vi kender hverken begyndelsen eller slutningen af livet. Tværtimod, ligesom en støj eller lyd forsvinder til et sted, hvor intet var før, og hvor der ikke er noget tilbage bagefter, sådan, siger Moses, er vores liv.

Nattergalen er en lille fugl, men dens stemme fylder himmel og jord. Alligevel véd vi ikke, hvor lyden af dens stemme begynder, og hvor den slutter. Vores liv er ligesom dette.

Med hvilken ret kan derfor nogen glæde sig over sin rigdom, magt og prestige, da alle disse ting ikke kun er forgængelige, men endda livet i sig selv er af allerkortest varighed?

v10 Vore leveår kan være halvfjerds, eller firs, hvis kræfterne slår til, men al deres stolthed er elendighed og ulykke; hastigt går det, så flyver vi bort.

Når vi sammenligner vores år med Guds år, så svarer halvfjerds år ikke engang til et øjeblik eller et punkt. Desuden skal man ikke fortolke halvfjerds eller firs år i henhold til deres matematiske, men snarere deres fysiske betydning. *Moses har ikke i tankerne netop halvfjerds eller firs år, hverken mere eller mindre. I stedet for, da folk som regel når denne alder, har han i tankerne den normale alder på halvfjerds eller firs år. Uanset hvad der overstiger denne almindelige levealder, fortjener det ikke at blive kaldt "liv", da alle de ting, der er mest vigtige for livet, er fraværende. Mennesker, der lever ud over denne alder, nyder ikke længere mad og drikke virkelig; de er som regel ikke i stand til at udføre forskellige slags opgaver; og de fortsætter med at leve til deres eget ubehag.*

Fra Guds synspunkt er et liv på halvfjerds eller firs år som en lyd, der går frem fra munden, der forsvinder hurtigst. *Fra vores synspunkt er det som en flyvning, hvor vi ikke oplever andet end slid og problemer.*

Overvej hvad jeg siger. Er det ikke en stor tragedie, at selvom alle ældre lider og oplever de samme ting, er der så ynkelig få, der, som jeg vil sige, er fuldt ud klar over de ting, de oplever? Det er lige som et tysk ordsprog siger det: "Ingen er så dum, som en gammel nar." *Hvem blandt alle mennesker er der mon som, selv om han er blevet gammel og affældig, indser, at alderdom, død, og lignende ting er straffe? Ja,* som et resultat af en uforklarlig dårskab, *bliver mange unge igen, ikke kun med hensyn til deres sind, men endda også med hensyn til begæret. Åh, elendighed over elendigheder!*

Men på dette punkt rejses spørgsmålet, om levetiden på det nuværende tidspunkt er kortere, end den var i Moses' dage, og om alle mennesker generelt skulle være halvfjerds eller firs år gamle på Moses' tid. Moses nåede faktisk hundrede og tyve år (5 Mos 34, 7), men David blev ikke firs år gammel.

Vi konkluderer derfor, at Moses kun havde til hensigt at angive et vist antal år som et slags gennemsnit, som folk generelt opnår. I vores tid er levetiden ikke blevet markant ringere, end hvad den var i Moses' dage, hvis vi blot kun fulgte de gamles eksempel og levede mere moderat i stedet for at ødelægge sundhed og liv gennem fråseri og overforbrug. De gamle fulgte strenge regler og levede et liv i størst enkelhed. Derfor var det lettere for dem at moderere der kost. Derfor opnåede de den forventede alder. *Vi kunne sandsynligvis også nå den samme alder, hvis vi ville kontrollere kroppen ved at praktisere den samme grad af mådehold.*

Jeg er ikke enig med udtalelser fra dem, der tror, at levealderen i vore dage er væsentligt reduceret. Før Syndfloden var fem hundrede eller fire hundrede år den gennemsnitlige levealder, som folk i almindelighed nåede. Patriarkerne blev otte hundrede eller ni hundrede år gammel. Ikke desto mindre, selvom levealderen efter Syndfloden er faldet, er det sandsynligt, at vores levealder ikke er kortere end dem, der var på Davids tid.

Ligesom Moses satte halvfjerds år som en generel levealder, så sætter vi vores til fyrre eller halvtreds år. Antallet af dem, der bliver 60 år, er meget lille, og disse få menes at have opnået en fremskreden alder.

Dette er heller ikke overraskende. Hvis nogen skulle bruge vores umådeholden måde at leve på som en måler til at sammenligne de gamles nøjsomme og enkle liv, ville man blive overrasket over, at der faktisk er nogle i vores dag og alder, som bliver tres år. Det er uundgåeligt, at børn født af umådeholdne forældre har endnu svagere kroppe. *Og derfor konkluderer vi, at på grund af umådeholdenhed i at spise og drikke alene reduceres længden af menneskelivet i vores tid.*

Men hvad der kan siges på dette punkt med hensyn til fysiske skavanker som følge af påvirkning fra planeterne overlade jeg til filosoffer og matematikere. For os er daglige erfaring tilstrækkeligt.[48]

Det ser ikke ud til at være nødvendigt at diskutere *ubehagelighederne ved alderdom.* I skrifter af Cicero gør Cato en heroisk indsats for at vise, at disse gener er overordentlig ubetydelige. Jeg er uenig. For fakta taler højere end ord, og fælles erfaring beviser det modsatte. Er det ikke et stort ubehag for en gammel person at blive frataget næsten alt, hvad der tilføjer livet krydderi?

---

[48] Quae autem hic de Complexionum vitiis ex causis coelestibus possunt dici, ea relinquo Philosophis et Mathematicis, Nobis satis est experientia quotidiana

Med henvisning til Platons skrifter fortæller Cicero en historie om Sofokles. Når nogen spurgte Sofokles, som var blevet ret gamle, om han stadig var sexuel aktiv, svarede Sofokles: "Guderne forbyde det. Sådanne anliggender er som en rå og rasende tyran; derfor har jeg efter eget valg virkelig undsluppet det."

Cicero bifalder dette svar fra Sofokles. Men hvis vi ret ser på kendsgerningerne, opdager vi, at i stedet for en enkelt lyst, der alvorligt påvirker vores ungdom, opstår der hos gamle mennesker, vil jeg sige, hundrede mere alvorlige og skadelige lyster, såsom misundelse, vrede, ængstelse, utålmodighed, de mange sorger, de forårsager, og de dårlige eksempler, de sætter. Forfatteren af komedierne gør derfor den korrekte iagttagelse: *"Alderdom er i sig selv en sygdom."* Det kaldes derfor med rette, et liv *belastende for en selv såvel som for andre.*

Selvom der har været dem, hvis alder ikke var belastende for andre eller ubehagelige for dem selv, hvad er disse få så i sammenligning med den resterende masse af menneskeheden? Som et ordsprog også har det: "En svale gør ikke en sommer." De to hebraiske ord Amal og Auen (עָמָל og אָוֶן) bruges mest generelt i billedlig betydning. Men i dette vers bevarer de deres bogstavelige betydning, som i teksten hos Job: "Mennesket er født til slid og problemer, som en fugl er til at flyve" (Job 5, 7 ifølge Vulgatas tekst).

Andetsteds bruger Skriften disse ord for fiktiv tilbedelse eller afgudsdyrkelse. Det gør det af den grund, at overtro virkelig piner mennesket. Sådan taler vi også om "Djævelens martyrer." Det er de *mennesker, der belaster sig selv med unødvendige problemer.*

Vi har også et tysk ordsprog, der siger, at det kræver mere sved og slid at komme i helvede end i himlen. Falsk religion eller afgudsdyrkelse kan ikke sikre hjertet ægte glæde og fred i Herren. Det forstyrrer og foruroliger hjertet. Derfor gælder disse to hebraiske ord rammende for afgudsdyrkelse.

Derfor er hele livet slid og besvær, medmindre det mildnes i de genfødte, der tror og håber på Guds nåde. De er de "nye mennesker" (Ef 4, 24), der ikke kan blive gamle.

v10b hastigt går det, så flyver vi bort.
Jeg behøver ikke dvæle i længden ved versets anden del: "hastigt går det, så flyver vi bort." Vi véd af erfaring, at denne erklæring er sand.

Da jeg var barn, fortalte nogen mig en historie om en bestemt patriark, som bad om, at Gud ville afsløre for ham, hvor længe han skulle leve. Da han erfarede, at han skulle leve femtenhundrede år mere, begyndte han at bygge en lille hytte i ørkenen, stor nok til ham alene. Han byggede ikke et hus. Den, der digtede denne historie, ville bestemt vise, at et liv, der strækker sig over hundreder og hundreder af år, ikke er andet end en flyvning og en overordentlig hurtig rejse. Med den måde, folk bygger huse på i dag, skulle man tro, at de forventede at bo i dem for evigt.

v11 Hvem kender styrken i din vrede og i din harme, så han kan frygte dig?
Moses afslutter det forrige argument med et resumé. "Der er utroligt få mennesker, der tænker over størrelsen på din forfærdelige og rasende vrede", siger han. Hele resten af menneskeheden lever deres liv i selvsikkerhed, *skønt din rasende vrede altid er til stede, altid er aktiv og svæver konstant over dem.* De er ikke bekymrede for deres synder og din vrede. De føler ganske vist deres elendighed, men de hverken kender eller tror det. De lever ligesom irrationelle bæster. De mener, at det modsatte er sandt: at de nyder Guds største tjeneste og evige liv. Og så afviser de fra deres hjerte og øjne alle ubehagelige livserfaringer; som selvsikre individer spotter de enten eller foragter Gud. De lever

halvfjerds år, som de tillægger en sådan værdi, som om de var en evighed.

Ja, der er dem, der endda foretrækker denne elendige eksistens i stedet for den kommende og bliver irriteret ved tanken om, at de blev skabt til udødelighed. De minder om en bestemt bonde. Da han hørte sin præst tale om at bo i himlen og fællesskabet med de herliggjorte hellige, udbrød han: "Hvad bryder vi os om himlen? Hvad vi har brug for, er mel!" Sådanne mennesker føler på ingen måde døden. Ligesom irrationelle dyr er de virkelig tåbelige og betragter alt som meningsløst.

I dette vers beklager Moses denne blindhed og dumhed og ufølsomhed hos mennesker, der ikke forstår deres egen utålelige elendighed, selvom de føler den. De er som slaver, der er vant til slagene, der tildeles af deres mestre. Guds tugt forbedrer dem ikke i den mindste grad. Men vi alle, siger Moses, er sådan. Vi er ofre for en utrolig *bedøvelse* i hjertet og forstår derfor ikke vores elendighed, selvom vi føler den.

Og således viser Moses på dette tidspunkt, hvorfor og for hvem han har skrevet de førnævnte observationer. Han gjorde det på grund af de tåbelige syndere, som han havde til hensigt at bringe til erkendelse af deres elendighed. Dette er virkelig den værste katastrofe, der rammer os, at vi i løbet af vores liv kæmper med et utal af elendigheder, at vores liv er så kort og i konstant fare, at vi konstant står over for den sikre død, men at vi ikke desto mindre hverken fornemmer eller tilstrækkeligt forstår alt dette. Hvem kan tilfredsstillende forklare denne utrolige ufølsomhed?

Filosofien definerer mennesket som et rationelt dyr. Men hvem vil sige, at denne definition er sand i teologien? Sandelig, her er mennesket en søjle af salt som Lots hustru (1 Mos 19, 26), fordi man ikke forstår Guds frygtelige vrede og dumt kaster sig ud i tusind dødsfarer, ofte til og med bevidst og med vilje.

I dette vers placerer Moses katastrofen i vores tilstand rigtigt foran os. *Han vil have os til at forstå, at i Guds øjne er vi tiltalte og fordømte syndere,*[49] *så vi kan åbne vores øjne og i tro aflægge vores selvsikkerhed og bede om befrielse.* Det er sandt, at vi er belastet med evig død og synder og alligevel ikke føler disse onde, medmindre vi bliver mindet om dem; og selvom vi bliver mindet om det, tror vi det ikke. Da vi *hverken forstår eller tror* på det tidsmæssige aspekt af elendighederne i dette liv, hvor meget mindre vil vi så tro på de åndelige aspekter af den evige død og evigt liv? De er virkelig enorme, siger Moses. Og alligevel: "Hvem tror dem?"

v11 så han kan frygte dig?

Din rasende vrede er lige så stor, som du er stor. Det er en uendelig vrede og enorm vrede. Alligevel føler mennesket det ikke. Snarere er det ligesom tegnet i et velkendt drama, hvor Jupiters tordenlyn vender tilbage til ham selv, sådan foragter folk i deres selvsikkerhed Gud. Midt i livet omgiver døden os. Og alligevel er vi ikke bange. Vi tror det ikke. Tværtimod lever vi i fuldstændig sikkerhed, selv når enhver fare presser på vores hals.

Men klagen fra Moses inkluderer også bønnen om, at han ønsker at fjerne denne skadelige sikkerhed fra sit eget hjerte såvel som fra alle andre menneskers, så de kan tro på det, han siger, og *blive foruroliget over Guds forfærdelige vrede.* De, der forstår, hvad Moses siger og accepterer det som sandt, vil bedre sig og vise sig klagende over for deres lærere. Andre fortsætter i deres forbandede tilstand, og foragter deres farer, indtil de oplever dem. *Derfor skal denne følelse af død, denne ydmygelse og anger eftertragtes.*[50]

---

[49] coram Deo accusati et damnati
[50] Optandus itaque est hic sensus mortis et irae, humiliatio et contritio illa.

Salmens anden del

v12 Lær os at holde tal på vore dage, så vi får visdom i hjertet.
Fra begyndelsen af sin bøn til dette punkt har Moses understreget sandheden om, at efter dette liv kommer et andet liv - dog ikke blot et andet liv, men et liv enten under vrede eller under nåde. For ellers ville det være meningsløst at påkalde en konge, der lever ud over dette liv, ja, også uden for denne verden, hvis der ikke var noget andet liv og ingen anden verden. Menneskelige øjne ser ikke Gud, som de ser kejseren, og de hører ham heller ikke, som de gør et menneske. *Gud bor uden for vores iagttagelse, ja, også uden for det menneskelige hjertes tanker.*[51] Selv hedenske skrifter viser dette. Selvom disse mennesker taler om Gud, gør de det *tvivlende.* Desuden tager man kun hensyn til det nuværende liv uanset hvilken gudsdyrkelse disse mennesker engagerer sig i. De tænker ikke på et fremtidigt liv.

På de teologiske fakulteter er det en meget almindelig antagelse, at Det Gamle Testamente ikke indeholder mange udsagn om evigt liv og de dødes opstandelse. Men hvis man overvejer, hvordan profeterne og andre hellige beder og påkalder Gud som den, der bor uden for alt synligt, forstår man med det samme, at de i netop disse påkaldelser bekender et fremtidigt liv, der følger dette liv, et liv, hvor enten Guds nåde eller Guds vrede råder.

Den første tavle lærer os, at Gud eksisterer, og at han er *barmhjertig* mod dem, der frygter ham, men *en nådesløs dommer* mod selvsikre og ubodfærdige syndere (Hebr 11, 6). Men den første tavle lærer også klart ikke kun, at der findes et andet liv ud over det nuværende, men også at det særlige træk ved dette liv enten vil være nåde eller vrede.

---

[51] extra conspectum nostrum, imo etiam extra cogitationes cordis humani

Vidner til denne sandhed i Det Gamle Testamente er ubestridelige og er ikke så sjældne, som de romerske teologer drømmer om.

I en tidligere del af denne redegørelse mindede vi om, hvorfor Moses henfører både vores liv og død til Gud, som er usynlig og bor uden for alle synlige ting. Hans hensigt er at få os til at frygte og respektere denne usynlige Gud. Men han ønsker også at tænde en *frygt* i os for den forestående vrede og et *håb* om evigt liv.

I denne henseende adskiller de hedenske skrifter sig fra De Hellige Skrifter. Hedninger er ikke i stand til at sige med sikkerhed, at Gud eksisterer, og at han tager sig af mennesker, selv efter at de er døde. Moses adskiller sig helt fra disse hedenske forfattere, og vi skal bemærke, at han udtrykker sig mere fuldstændigt og mere tydeligt angående denne sag, når han fortsætter med sin bøn. *For nu er vi ved den anden del af Salmen.*

I den første del skildrer Moses for vores øjne helt i detaljer menneskeslægtens elendigheder. Han bemærker dog især, at den værste af alle elendigheder består i det faktum, at uretfærdigheden eller straffen som følge af arvesynden er så stor, at vi ikke engang føler de onder, som vi udholder. Derfor er profeterne og den ene efter den anden af de største hellige tvunget til at bede om, at mennesker i det mindste kan være i stand til at genkende denne elendighed.

Derfor, uanset om vi kalder arvesynden en egenskab eller en sygdom, er det rigtigt, at *det største onde* er dette: *at være genstand for evig vrede og død og ikke engang at vide, hvad vi lider.* Derfor er det nødvendigt at bede om, at hele den menneskelige slægt må blive i stand til at overveje den triste tilstand, den ser, ja, som den oplever. Dette liv er ikke kun meget kort, men det er også underlagt mange onder. Desuden må man efter de fysiske lidelser i dette liv forvente at de er evige. Det er særlig slemt, at arvesynden er noget ukendt og hemmelig. *Det er slemt nok, at arvesynden er ukendt og hemmelig, men også at selve straffen for synden er skjult. Det er ikke kun som spedalskhed, der ikke føles; snarere er det som at være en sten.*

Derfor beder Moses, at Herren vil lære os at tælle vores dage. Dette skal ikke forstås i den forstand, at han ønsker at kende dagen eller timen for sin død, men at han og alle mennesker *virkelig kan overveje, hvor elendigt og tragisk livet er,* at det forsvinder som en skygge, og at man må tilbringe en evighed, der enten er under vrede eller nåde.

Moses vil have os alle til at blive sådanne regnemestre. Hans ene mål er, at vi ikke skal forestille os et uendeligt antal år, som især tyranner er vant til at gøre, som enten forventer at leve et usædvanligt langt liv eller håber at være i stand til i en enkelt kritisk time at overvinde alle farer. Det er den værste katastrofe, når mennesker enten ignorerer eller foragter døden og alle andre elendigheder.

Mod denne elendighed beder Moses, at Helligånden må lærer os at tælle vores dage og at blive forfærdet over døden og andre farer. Han vil have os til at reflektere over, hvad vi er og ligestille endda hundrede år af dette liv med et matematisk punkt og den mindste brøkdel af et sekund. For sådan er livet netop, hvis vi lærer at vurdere det ret, som Moses vil have os til at gøre.

Hvis jeg ikke havde opdaget, hvor inderligt og alvorligt Moses beder i dette vers, ville det aldrig have gået op for mig, at man må bede for, hvad Moses beder om i dette vers. *Jeg troede, at alles hjerte var lige så forskrækkede og bange for dødens farer som mit eget.* Men da jeg omhyggeligt undersøgte situationen, blev det klart for mig, at der blandt ti tusind personer næppe er ti, der tænker over denne vigtige sag. *Den enorme masse af mennesker lever sit liv, som om der ikke var nogen død og for den sags skyld ingen Gud.*

Dette er den mest forfærdelige af alle katastrofer og den, der fortjener tårer - når mennesker, der er ved at dø, stadig forestiller sig, at de vil fortsætte med at leve. Når de, overvældet af elendigheder, stadig

drømmer om lykke. Og når de i de mest kritiske farer, der omgiver
dem, er helt sikre.

Moses lærer os derfor ret at bede, at vi må kender antallet af vores
dage. Vi skal ikke bede om, at Gud må fortælle os det nøjagtige antal
dage, han har bestemt til os. Men *vi bør overveje, hvor elendigt og kort
vores liv virkelig er på grund af døden og Guds evige vrede, som truer
os hvert øjeblik.*[52]

Vi finder ganske vist lejlighedsvis nogle mennesker, der har denne
følelse i en ekstraordinær grad, selvom de ikke beder for det. Men langt
de fleste har det ikke, for næsten alle går gennem livet i troen på, at
hvert øjeblik i livet er en hel alder. For dem er denne bøn, som Moses
her foreskriver, særlig nødvendig. Men lad os nu se også på den anden
del af verset.

Dette lyder:

v12b så vi får visdom i hjertet.
Verbet nabia (נָבִיא) som jeg gengiver "at udføre en opgave", "at udøve
forretning af en eller anden art," "at have autoritet over eller at admi-
nistrere, noget."

Moses fortæller os, som det var: "Dette liv er af en sådan art, at det
ikke tillader os at stå ledig og ikke gøre noget. Det tvinger os snarere
til at bevæge os, det vil sige at være aktivt engageret i hjemmet eller i
samfundet." Derfor siger han: "Gud, giv os nåde, så vi klogt kan op-
fylde vores ansvar, det vil sige, at vi kan udføre dem i ydmyghed og i
din frygt, altid opmærksomme på, at vi på grund af vores synd udsæt-
tes for din vrede."

---

[52] propter mortem et iram Dei aeternam, singulis momentis nobis impen-
dentem.

Vi hører ikke til de mennesker, som hverken er bekymrede for liv og død, som kun fylder deres maver og søger anerkendelse og magt. Disse mennesker udfører deres opgaver i fuldstændig foragt for en vred Gud. De er hverken bekymrede for hans nåde eller hans vrede, og derfor bruger de deres liv i den yderste dårskab og bedøvelse.

Derfor, o Gud, bevar os i den visdom, som du har lært os, det vil sige, bevar os i din frygt. For "visdommens begyndelse" (Ordsp 9, 10) eller den højeste visdom er "at frygte Gud", at kende Guds vrede og som et resultat leve og udføre alt, hvad vi gør med ydmyge hjerter.

Skriften priser således frygten for Gud.[53] At mennesker lever sådan, at de til enhver tid frygter Guds vrede og føler, at de har fortjent døden. *For dette er det første element i frelsen, når man på grund af synden ikke ser nogen frelse.*[54] Det er den højeste visdom: at man lever i fuld bevidsthed om Guds vrede. *På denne måde er vi klargjort som jorden til ploven til at modtage det guddommelige frø, hvis frugt er evigt liv.*

Farao (2 Mos 5, 2), Sankerib (2 Kong 18, 35) og andre manglede denne visdom. Derfor omkom de, før de indså, at de omkom. De blev blindet af deres magt og af deres soldaters styrke.

På den anden side blev Hizkija, selv om han var belejret i Jerusalem, reddet (2 Kong 19, 35). Moses og jøderne oplevede en klar og herlig befrielse ved Det Røde Hav (2 Mos 14, 27).

Derfor bør vi holde fast ved sandheden, at det ikke er en forbandet ting at føle Guds vrede, men at det er begyndelsen på frelsen[55], som ikke kan opnås uden konstant bøn. *Denne følelse er en enestående gave fra Gud,* som fornuften ikke begriber eller forstår. Ellers bad Moses ikke med så meget inderlighed, at denne visdom blev givet.

---

[53] Ad hunc modum commendat Scriptura timorem Dei
[54] Haec enim prima est pars salutis
[55] sentias iram Dei esse initium salutis

v13 Vend tilbage, Herre! Hvor længe bliver du borte? Vis medlidenhed med dine tjenere!

Dette er den vigtigste del af Moses' bøn. Han bemærker, at der er nogle, der lever i frygt for Gud, tæller deres dage og lever med visdom. Han beder på vegne af disse få, som han kalder Guds tjenere, om at Gud vil trøste dem.

Men ligesom han tidligere i sin bøn sendte hele menneskeheden til døden og talte om døden og Guds vrede, så taler han her ikke om en slags midlertidig kødelig trøst, men om evigt liv. Han beder ikke kun om dette, men samtidig lover han det også til dem, der besidder *den første nåde, hvorved de erkender Guds vrede og føler en guddommelig dom.*[56]

Og derfor inkluderer denne bøn en skjult profeti om den kommende Kristus, da evig frelse kun kan opnås ved Kristus. På grund af livsnyderne og andre selvsikre syndere måtte dette frelsesmysterium ikke desto mindre nødvendigvis forblive skjult indtil Kristi komme. I ham blev Guds *barmhjertighedsskatte* åbenbaret (Kol 1, 26).

Derfor er ordene lette at forstå: "Du har tugtet os med elendigheder. Du har givet os *denne første visdom* for at kende din vrede. Nu, kære Gud, stop. Du har dræbt os, tugtet os, ydmyget os tilstrækkelig. Vend nu dit kærlige ansigt til os og vær nådig mod os. Vis os også, hvor velmenende og barmhjertig du er, at vi må være i stand til at trøste vores hjerter i denne frygt."

Moses taler her om en forandring af hele vreden og døden, ikke om en tidsmæssig, men om en evig omvendelse. For hvilken anden velsignelse skulle han bede om, at der ville komme i stedet for denne frygt? Hvilken trøst ville det være, at vi kun kunne tilbringe en eller anden

---

[56] primam illam gratiam habent, ut intelligant iram Dei et senciant iudicium divinum.

dag med et lykkeligt sind? Derfor taler han om et liv og en frelse, der er evig.

"Andre kan nægte at tælle deres dage. Men vær nådig over for dine tjenere, der samvittighedsfuldt tæller dem og frygter dig, som lader sig styre af visdom, og som erkender de forfærdelige konsekvenser af din vrede. For du er en Gud, der vil bringe dem, som du har dræbt, til live igen."

Jeg mindede faktisk tidligere om, at dette er betydningen af Moses' bøn. Han beder nemlig til den Gud, der er en konge ud over dette vores fysiske liv. Derfor beder han simpelthen om det evige liv. Hvis der ikke var noget andet liv end dette tidsmæssige og fysiske liv, hvad ville vi så have brug for Gud til? Vi har herredømme over alle skabninger (1 Mos 1, 28), over fisk, fugle og markens dyr. Dette ville være tilstrækkeligt for dette fysiske liv med ordningerne om stat og familie.

Men Moses viser, at der efter dette liv findes et andet liv, når han i sin nød beder til den Gud, der bor uden for verden og er usynlig. Og derfor følger det, at Guds nåde og det liv, som vi beder om, også er usynligt, at de hører til et andet liv, beregnet til os og ikke til kvæg; for som Paulus siger: "Er det okserne, Gud tænker på?" (1 Kor 9, 9).

Det faktum, at Moses således lærer os at forvente evig frelse fra Gud, viser på en skjult måde, at Gud skulle blive inkarneret. At jøderne ikke forstod dette, gør ingen forskel. Selv i dag er det ikke alle mennesker, der kender eller interesserer sig for vores religion. Blandt os synger mange denne Salme, men forstår den ikke.

I den gamle pagt var det kun de åndelige, der så og forstod dette mysterium, der var tilsløret i uklarhed. De forstod, at den Gud, som de tilbad i tabernaklet, og som de troede, boede over nådestolen, på et bestemte tidspunkt ville blive inkarneret, bringe denne frelse til mennesker og frelse dem fra Guds vrede og den evige død.

De andre blandt det udvalgte folk var som svin, der kun havde til hensigt at tilfredsstille deres vellyst og kun interesserede sig for verdslige anliggender, ligesom mange i vores tid misbruger evangeliet, som om alt kun havde at gøre med timelige ting.

Men vi har brug for og forventer et andet liv og et andet rige, som Moses her beskriver som et evigt rige. Da han skrev dette vers, så han utvivlsomt mysteriet om vores frelse og havde en smule forsmag på det evige liv, da han lærer bange syndere, således at bede og håbe på frelse.

v14 Mæt os om morgenen med din godhed, så vi kan juble og glæde os hele vort liv.

Moses tænker her specifikt på den barmhjertighed, der refererer til den sag, der her behandles. Han har ikke en begrænset barmhjertighed i tankerne, men *den virkelig universelle barmhjertighed,*[57] der tager højde for hele sygdommen, som han klagede over til dette punkt.

Men han bekendte og klagede ikke over nogen særlig elendighed eller sygdom, hvoraf et eksempel ville være eksil i Egypten eller Babylon, men om den universelle katastrofe, der har ramt hele den menneskelige slægt - om synden og Guds vrede, under hvilken hele verden ligger i trældom.

Når han nu beder om barmhjertighed, følger derfor nødvendigvis, at han beder om den slags barmhjertighed, der vil være et middel mod dette universelle onde, der påvirker hvert enkelt menneske. Ellers hvorfor ville han bede om en lille og begrænset velsignelse, der kun varede nogle få år?

Skriften bruger faktisk ofte udtrykket "barmhjertighed" checed [חֶסֶד: nåde, barmhjertighed, venlighed] til at betegne en bestemt og tidsmæssig velsignelse. Men her tvinger selve teksten og omfanget af

---

[57] non aliquam particularem misericordiam, sed vere universalem

Moses' bøn os til at forstå *'barmhjertighed' i sin mest omfattende betydning, det vil sige som en altomfattende frelse fra den totale fortabelse forårsaget af synden og døden.*[58]

Derfor mener han: "Gud, giv os en overstrømmende barmhjertighed, ikke en begrænset, som bevarer landet eller helbredet. Vi beder om en overstrømmende og ubegrænset barmhjertighed. I denne elendighed, der ligger på hele menneskeheden som en tung byrde, er en begrænset barmhjertighed i dråbeform (om jeg så må sige) ikke nok, men snarere en flod og et hav af barmhjertighed, som fuldstændig fylder os".

Så skal vi juble og være glade. For den barmhjertighed, der frigør os fra synden og sikrer os en sikker og evig frelse, skaber uendelig og ægte glæde, taknemlighed og taksigelse.

v15 Glæd os lige så længe, som du har ydmyget os, de år, vi oplevede ulykke.

De foregående vers gjorde det klart, hvilke ydmygelser eller plager Moses har i tankerne. Han sagde: "Du lader mennesket vende tilbage til støvet. Alle vore dage svinder hen i din vrede." Her taler han om de onder, som vi møder i løbet af vores liv, og som hele menneskeheden har og lider fra begyndelsen til slutningen af verden. Moses siger: "Jeg beder dig nu på baggrund af dette onde, på grund af hvilket du har tugtet os lige fra vores fødselsøjeblik og på grundlag af de år, hvor vi har været vidne til den mest omfattende ødelæggelse på grund af vores synd."

Således gør Moses det tydeligt, at han beder om et evigt virksomt middel mod de onder, som vi er plaget af fra vores fødsel, og som altid klæber til os. Med andre ord beder han om *et middel mod arvesynden*

---

[58] generali salute contra generalem perditionem peccati et mortis.

og dens straffe. Han siger: "Fra disse onder beder vi om at blive frelst, og vi beder om *en evigt gyldig forladelse af synder,* ikke om en forladelse, der er foreskrevet og begrænset af loven."

Og derfor beder vi også om befrielse fra straf, så vi ikke kun er retfærdige, men også glade og lykkelige. Vi beder om, at vores tugt og synd fjernes gennem syndernes forladelse, og at synet af ondskab, som Moses selv siger, kan ophøre som et resultat af vores glæde og befrielse. Dette er befrielse fra straf.

Endvidere er det klart, at profeten med disse almene ord beder om Kristi komme i kødet. Vores forløsning kunne ikke finde sted undtagen gennem ofringen af dette ene velsignede afkom (1 Mos 3, 15). Dette mysterium måtte gøres kendt på en tilsløret måde, så de hellige kunne vide, hvordan de skulle blive frelst. Dette er Helligåndens lys, som ud fra tekstens sammenhæng viser, at Moses beder om et middel mod Guds altomfattende vrede over synden. Da dette kun kan være Messias, inkluderer denne bøn Kristus.

Ved hjælp af Helligånden forstod Guds hellige, hvad Moses sagde. Andre tåbelige og kødeligt sindede folk, forstod ham ikke, fordi Skriften ofte bruger de samme ord om en fysisk og speciel befrielse. Hvis man derfor ikke er opmærksom på konteksten, vil man aldrig forstå Moses' bøn her: at Kristus skal komme i kødet og forløse verden fra synden og døden. Dette er den fylde og overflod af barmhjertighed, som Salme 130 kalder *"rigelig forløsning"*[59]. *Med disse løsepenge, som Kristus betalte for synder, kunne et uendeligt antal verdener være blevet forløst.*[60]

---

[59] copiosam Redemptionem (ifølge Vulgata)

[60] isto pretio, quod pro peccatis exsolutum est, infiniti mundi potuerunt redimi.

v16 Lad dine tjenere få dit værk at se, lad deres børn se din pragt!

Disse ord fortsætter bønnen, som Moses begyndte ovenfor. Ordet poal (פֹּעַל) bruges ofte i Det Gamle Testamente. Det oversættes oftest med "arbejde", men betyder specifikt et "kompensationsværk" eller "belønning." Esajas bruger det således i passagen: "Hans belønning er hos ham" (Es 40, 10). I denne forstand fremgår det også i Salme 109, 20: "Må dette være min anklagers belønning"; og i Job: "Dette er den onde del fra Gud" (Job 20, 29), det vil sige hans kompensation, hans arv eller hans løn.

I verset foran os må man derfor forstå det hebraiske ord i den betydning af belønning eller præmie, som Gud giver dem, der har tillid til hans barmhjertighed, har udholdt dødens frygt og de andre farer, som Moses har talt om.

Derfor ser det ud til, at Moses siger: "Vi er blevet plaget af synder og er bange for døden. Vi var dæmoners mest ringe slaver. Giv os derfor dit arbejde som kompensation i stedet for Satans arbejde." Pronomenet "dit" fremhæver modsætningen. Således stemmer Moses' måde at tale på overens med, hvad Johannes siger i sit Første Brev: "Guds søn blev åbenbaret, for at tilintetgøre Djævelens gerninger". (1 Joh 3, 8).

Djævelens arbejde er at knuse os under sine fødder og på grund af vores synd at sende os fra livet til døden. *Af denne grund kalder Hebræerbrevet Satan for den, der har dødens magt (Hebr 2, 14).* For at tilintetgøre Satans værk, kom Kristus. Med sine gerninger ødelagde han døden og bragte udødelighed frem i lyset. *Hans gerninger er virkelig guddommelige gerninger som: at retfærdiggøre, genoprette livet og frelse.*[61]

Gud siger ganske vist at det også er hans gerning at dræbe, som vi har hørt ovenfor. Og Skriften siger udtrykkeligt om Gud: "Han dræber

---

[61] Sunt enim haec vere divina opera: iustificare, vivificare, salvare.

og gør levende" (5 Mos 32, 39). Men *Esajas skelner mellem disse gerninger fra Gud og siger, at nogle er hans "fremmede" gerninger og andre hans "egne" gerninger (Es 28, 21).*[62]

Sidstnævnte er Guds nåde, hvorigennem han tilgiver synder, erklærer syndere retfærdige[63] *og frelser dem, der tror på Kristus.*

Guds "fremmede" gerninger er disse: at dømme, fordømme og straffe dem, der er ubodfærdige og ikke tror. Gud er tvunget til at ty til sådanne "fremmede" gerninger og kalde dem sine egne på grund af vores stolthed. *Hans hensigt er at ydmyge os, så vi kan erkende ham som vores Herre og adlyde hans vilje.*

Men han er tvunget til at anvende disse gerninger også af den grund, som vi har angivet ovenfor. Han ønsker ikke, at vi skal følge eksemplet med manikæerne og forestille os, at der er flere guder: en, kilden til alt godt; den anden, kilden til alt ondt. *Gud ønsker at vi skal betragte de onder, som vi oplever som at de kommer til os ved hans tilladelse.* Hvis han ikke havde tilladt det, ville Djævelen aldrig have plaget Job så meget (Job 1, 12). *Gud tillader det, for at vi, når vi er tugtet, skal kaste os over på hans nåde.*

Sådan betegner ordet "poal" en slags vederlag. Moses' betydning er derfor: "Måtte dit arbejde blive tydeligt: det vil sige, at vi, som er ydmyget ved døden levendegøres; at vi, som er plaget af synden retfærdiggøres. Vis os så dit eget arbejde, liv og retfærdighed."

Men du kan sige: "Moses bad om det samme ovenfor, da han udtrykte ønske om, at blive oversvømmet med Guds nåde" (v. 14). Det er rigtigt. Men i det nuværende vers beder Moses om, *at Guds værk må blive synligt, og at vi må føler det. Det er ikke nok at have en gave. Menneskets øjne skal også åbnes, så vi ser det.*

---

[62] Quaedam esse opera Dei, sed aliena, quaedam autem propria.
[63] Iustos pronunciat

Vi bliver mindet om ordene, som Paulus skriver til Korintherne: "Gud har åbenbaret det for os ved Ånden, for at vi skal vide, hvad Gud i sin nåde har givet os." (1 Kor 2, 10). Alle mennesker har liv, men hvor mange erkender, at livet er en gave fra Gud? Hvem takker Gud for denne gave, og hvem beder ham om at bevare den?

Så verset formålet er altså at gøre mennesker opmærksomme på den guddommelige gave, så denne erkendelse gennemtrænger hjertet, så vi ikke tvivler på syndernes forladelse. Først da vil Guds værk eller barmhjertighed blive virkelig tydeligt og hjerter blive sikre på deres forløsning. Så vil de se deres liv, frelse og retfærdighed. Ligesom David vil de blive "givet en fast ånd" (Sl 51, 12).

Moses beskæftiger sig med en smuk vending, når han kalder dette værk af Gud for sin herlighed; for han tilføjer: "Og din pragt til deres børn." Salme 19 har næsten den samme kombination af tanker; for det lyder: "Himmelen fortæller Guds herlighed, og himlen forkynder hans gerninger" (Sl 19, 1). Vi skal dog bemærke, at i verset foran os har vi ordet hadar (הָדָר). Dette ord betegner en lysende og smuk beklædning eller strålende dragt. Vi bliver mindet om Salme 96, hvor vi læser: "Du er beklædt med skønhed og majestæt" (Sl 96, 6).

Skriften bruger et sådant sprog med et formål. Når det siges, at Gud er klædt i smukke klæder, betyder det, at Gud vises og bliver manifesteret i menneskers hjerter gennem hans herlige og storslåede gerninger, hvor han ser ud til at være klædt i lysende klæder.

Disse gerninger fra Gud er følgende: at Kristus blev gjort til vores retfærdighed, visdom, helliggørelse og forløsning (1 Kor 1, 30), lys, glæde og alt hvad der er godt; at Kristus er vores vej, sandhed og liv (Joh 14, 6). Når Gud vises for os i disse gerninger med liv, frelse og retfærdighed, vises han virkelig i sin herlighed. Men før han viser sig, er han virkelig, som Moses siger, "under mørke farvande" (Sl 77, 19).

Derfor ryster samvittigheder, som ikke ser hans æresværk, og frygter ham og forestiller sig, at han er Djævelen; for de kan ikke forestille sig ham som i en dejlig form eller beklædning. De bevæbner ham med sværd og lyn, som om intet i himlen eller på jorden i virkeligheden var mere frastødende og mere forfærdeligt end den vrede Gud. Som sådan en Gud optrådte han på Sinajbjerget (2 Mos 19, 18). Som en sådan Gud skildrede Moses ham også ovenfor.

Men i dette vers beder Moses, at Gud må afslører sig i en anden skikkelse, en som vi kan se på med lyst og over hvilken vi kan glæde os. *En sådan skikkelse har Gud virkelig, når vi ser ham i Kristi person*[64]. I Kristus er *han den højeste nåde, liv, frelse, forløsning. I Kristus ser vi den herliggjorte Gud*[65], *klædt i sine herlige og nådige gerninger.* Og derfor beder Moses: "Vis dig selv i denne skikkelse for os elendige og fordømte syndere."

Dette er den vigtigste del af hans bøn. I den beder han om eftergivelse af synder, og om retfærdighed og evigt liv. Men han beder for disse gaver på en sådan måde, *at vi må have forsikring,* og at vores hjerte ikke i mindst grad må tvivler om disse spørgsmål. Fordi denne bøn ikke kan realiseres undtagen i Kristus, indbefatter den virkelig Kristi komme i kødet. De tanker, som Moses udtrykker i det sidste vers i sin bøn, handler egentlig om vores egne gerninger.

v17 Herren, vor Guds herlighed komme over os! Styrk vore hænders værk for os, ja, styrk vore hænders værk!
Udtrykket noam (נֹעַם) beskriver en overstrømmende herlighed af nåde. "Indtil nu," beder Moses, "har vi bedt om dit værk". Når du er aktiv, gør vi intet og er ikke andet end tilskuere og *modtagere af dine gaver. Vi er helt passive.*[66] I disse gerninger gør du dig kendt for os. *Du*

---

[64] Talis vere est Deus, cum eum aspicimus in persona Christi.

[65] Deus gloriosus

[66] spectatores et receptores tuorum munerum, sumus mere passivi.

frelser os gennem dit værk alene[67], som du har udført ved at befri os fra *den sygdom, som Satan gennem Adam påførte hele den menneskelige slægt*, nemlig synden og den evige død.

Efter dit værk kommer vi med vores gerninger, *efter at* vi er blevet retfærdige og nu lever som hellige i lydighed mod dit ord. Og dette arbejde er behageligt og acceptabelt for dig. Men dette arbejde er *også resultatet af din nåde og af dit første værk*.[68] Derfor er Herrens vor Gud venlig stemt mod os, efter at vi er blevet *forsonet med ham gennem hans søns død*.[69] Moses ønsker, at Herren skal være glad og venlig stemt over for dem, som han åbenbarede sit værk for, så vi ikke skal skælve i hans nærvær, men være sikre på, at han er tilfreds med, *hvad vi er og hvad vi gør*.

Men Moses beder af den grund, at selvom vi er blevet frelst fra døden, forbliver der alligevel i de hellige *rester af synd*, som er ledsaget af mangfoldige åbenlyse krænkelser såvel som af mange slags lidelser og prøvelser. Disse findes både i os og uden for os. Hvis Gud derfor ville være meget streng i sine krav, ville han blive tilskyndet til vrede hvert øjeblik.

Og derfor beder han Gud om ikke at blive fornærmet over den rest af synd, der stadig er tilbage i os på grund af vores kød, og ikke af denne grund fratage os livet og syndernes forladelse, men forblive venlig og nådig stemt over for os. Og at vi også må forbliver venlige og positive over for ham. At vise Gud i sin herlighed betyder nemlig ikke at vise ham i sig selv, men at vise, at han er venlig mod os og herlig og fyldt med glæde over os. Og denne, vores Gud, siger Skriften, glæder sig over os, når vi er overbevist om, at han ikke er vred på os, men er vores venlige og elskelige ven.

---

[67] salvos facis solo
[68] hoc quoque est ex gratia tua et procedit ex primo opere tuo.
[69] per mortem Filii sumus cum eo reconciliati.

Men dette er en overordentlig vigtig bøn, fordi "vores kød er svagt" (Matt 26, 41), vores hjerte ryster, og vores samvittighed oplever den værst tænkelige frygt. Derfor bliver vi bange ved den mindste lejlighed. Desuden er synden og syndens straf daglige oplevelser, så der er nok lejligheder til sorg og svaghed i troen.

Når vores hjerter er urolige af sorg, vil det sige, at Gud selv sørger, ham, der døde for at vi kunne blive retfærdige, hellige og fuld af glæde.

Derfor er denne bøn det rette sted, for det får os til at sige: "O Herre, du har givet os din Søn. Bevar denne gave for os. Vi synder ofte med ord, ofte i gerning, oftere i tanker. Alt dette forringer vores glæde. Selvom vi synder, om vi er skødesløse og utaknemlige: fortsæt alligevel med at være vores Gud. Vær en Gud, der er "noam" venlig og elskværdig. Giv derfor, at vi kan forblive i Helligåndens glæde og fred."

Moses gentager den anden del af dette vers. Denne del lyder: "styrk vore hænders værk!" Han gør det måske, fordi han vil vise forskellen mellem det åndelige og det verdslige rige. I betragtning af denne forskel må vi også gøre en forskel mellem vores gerninger. Der er nogle gerninger, som vi udfører i kirken. Der er andre, som vi udfører i hjemmet, og som har at gøre med det økonomiske eller politiske liv. I kirken gør vi, hvad der hører til sjælen og det åndelige liv. I hjemmet og i det økonomiske og politiske liv gør vi det, der hører til det fysiske liv.

Derfor ser det ud til, at Moses siger i det førstnævnte af de gentagne bønner: "Styrk vore hænders værk *'for os' alenu* (עָלֵינוּ)." Han ønsker at understrege det arbejde, som *styres guddommeligt*, men som *vi også er aktive i* ved at undervise, trøste, gendrive, dømme, døbe, deltage i og administrere den hellige nadver osv. Dette er gerninger, som hører til at styre kirken og lede folket i åndelige anliggender.

Vi véd, hvor yderst vigtig udførelsen af disse er, for at sekter ikke skal invadere kirken og ødelægge sakramenterne og deres brug, ødelægge Ordet osv. Derfor er det virkelig nødvendigt, at Gud styrer og leder disse gerninger "for os". *Vi er også i en vis grad aktive i dem og er ikke helt passive, som vi er i Guds vigtigste værk.*

Det er i denne forstand, jeg tror, at Moses siger: Styrk vore hænders værk 'for os'. Det vil sige: "Når vi er blevet retfærdiggjort, gør da, at læren forbliver ren, så hyklerne ikke ødelægger Moses' lov på lovens tid, og således at evangeliet i dag ikke ødelægges og dermed Gud og Helligånden, der bor i os bliver bedrøvet."

Det hebraiske ord "konen" (כּוֹנֵן) betyder "at gøre fast", der minder os om udsagnet i 1 Pet 5, 10: "Gud vil styrke og grundfæste." Derfor kalder David ånden "sikker", "fast" (Sl 51, 12). Han tænker på en ånd, der ikke tvivler på, men som helhjertet omfavner Ordet i overensstemmelse med Peters formaning: "Den, der taler, skal tale med ord fra Gud; den, der tjener, skal tjene med den kraft, Gud giver". (1 Pet 4, 11). Derfor skal der ikke være nogen usikkerhed i læren, så sjælene ikke bliver i tvivl om Guds vilje mod dem. Så den, som beder om syndernes forladelse og hører Kristi løfte, ikke skal tvivle på, at hans synder virkelig er, som Ordet lyder, tilgivet; og han skal være forvisset om, at dette på ingen måde er menneskets værk, men Guds værk. Uanset hvad der derfor gøres i kirken, må det hvile på sikkerhed og må aldrig være et "slag i luften" (1 Kor 9, 26). Dette er den virkelige betydning af det ord, som Moses bruger i dette vers. Vi oversætter det som regel med "bekræfte".

Denne bøn er virkelig nødvendig, fordi dette værk fra Gud, som vi udfører i vores tjeneste, angribes udefra af Djævelen og indefra af vores eget hjerte. Derfor er det vanskeligt at fastholde troen på, at Gud er velvillig stemt over for os og vi ikke tvivler på Guds værk. Men den, der tvivler, er hverken egnet til at undervise eller lære, men er "ustadig i al sin færd" (Jak 1, 8) og drives hid og did.

Der er derfor ikke uden grund, at Moses beder om etablering og bekræftelse af vores hænder værk. Han vil have, at de, der lærer, skal

være lige så sikre som dem, der modtager Ordet, så det sikre funda-
ment, som "helvede ikke kan få magt over" (Matt 16, 18) kan forblive,
og så alle kan være sikre på Ordet og Guds gerning.

I sin gentagelse af bønnen, "styrk vore hænders værk," tænker Mo-
ses, så vidt jeg kan se, på det arbejde, der har at gøre med politiske og
huslige anliggender. Han beder om, at Gud må give ydre fred, og at
der ikke er kaos i verden, sådan som Paulus formaner os til at bede "for
konger og for alle i høje stillinger, så vi kan leve et roligt og stille liv."
(1 Tim 2, 2).

*Fred er nemlig vigtig, ikke kun for, at vi kan sørge ordentligt for
vores legeme, men også på grund af uddannelse og undervisningen i
kirkerne.* Gud indførte hovedsageligt den verdslige øvrighed af den
grund, at freden gennem disse tiltag, aktiviteter og hjælp kunne beva-
res. *Hvor disciplinen opløses, bliver ungdommens uddannelse umu-
lig.* Oprør og krige gør det umuligt at undervise Ordet i kirken. Der er
ingen tro og fromhed i mennesker, der søger krig, og lovene er tavse i
krig. Hele den politiske orden opløses i krigstid.

Med Moses må man derfor bede om fred, for at Gud kan lede vores
hænder - ikke i det, der er over os - men i vores hænder. For de ting,
der hører til den politiske eller huslige orden, er underlagt fornuften
ifølge ordene: "Hersk over havets fisk" osv. (1 Mos 1, 28).

Så vi ser Moses i denne Salme bede for ting, der er essentielle i dette
liv. Han beder først for syndernes forladelse og det evige liv. Alligevel
skal vi ikke være ledige i dette liv, men skal til vores død styrke sjælen
gennem Guds ord og under fredelige betingelser også sørge for lege-
mets behov. Derfor beder Moses om, at fromhed kan læres ret og fred
bevares. Så vi kan have et sikkert håb om evigt liv, den rene tjeneste i
kirken og dernæst også er i stand til at leve et roligt eller fredeligt liv.
Så har vi alt og kan leve vores liv i fred i krop og sjæl, hver dag vokse i
tro, indtil vi stiger op til himlen.

Dette er ikke kun en bøn, men også et løfte, som vi har vist dette andetsteds med hensyn til bønner, som *Helligånden har foreskrevet* i De Hellige Skrifter.

Nu har du Moses' Salme, som jeg har fortolket efter den indsigt, som Herren gav mig. *Senere vil vi, hvis Herren forlænger mit liv, fortolke Genesis,* og dermed, når vores ende kommer, skal vi være i stand til at dø med glæde i Guds Ord og gerning. Må Gud og vores Forløser Jesus Kristus give dette. Amen.

Jeg vil se til at denne Salme, om Gud vil, kan læses af de fromme, som ikke kan latin, på deres eget sprog. Den indeholder nyttig og nødvendig undervisning, som det er meget vigtigt at kende.[70]

---

[70] Luthers ønske er hermed opfyldt på dansk.

Den Store Lutherserie

Bjergprædikenen
De Lutherske Bekendelsesskrifter
De overåndelige
Den hellige Dåb
Den Lille Katekismus
Den sande og falske kirke
Den Store Katekismus
En enkel måde at bede på
Festpostillen
Fortalerne til Bibelen
Første Mosebog bind 1
Første Mosebog bind 2
Første Mosebog bind 3
Første Mosebog bind 4
Gud vil alles frelse
Huspostillen
Hvordan man skal forholde sig
ved epidemier
Johannes 1
Johannes 17 – Kristi Bøn
Kirkepostillen - Sommerdelen
Kirkepostillen -Vinterdelen
Kristi nadverord står fast
Luther-Leksikon

Nådens Nøgler
Om forkyndertjenesten
Opstandelsen
Peters Første Brev
Privatmesser og præstevielse
Salme 51
Salme 90. Moses' Bøn
Sang og Musik
Teologiens Grundbegreber
Troen Alene
Udvalgte Breve
Vejledning for menighederne

Øvrige
Dåbens teologi
Sandhed til Gudfrygtighed
Den Augsburgske Bekendelse -
kommenteret

Spørgsmål besvares gerne:
finnbandersen@msn.com
Se verdens største lutherside:
lutherdansk.dk